鑑古知今！

◎ 日本戰國 ◎

致富圖鑑

監修　小和田哲男
譯者　童小芳

東販出版

從大名乃至平民百姓——
探究其真實的「財務狀況」

距今約500年前，應仁文明之亂爆發後，日本全國就此捲入戰事連連的戰國時代。如今衍生出大量與戰國相關的創作，儼然成為令人著迷的主題，但是對於歷經該時代的人們的財務狀況，仍有許多不明白之處。

大名與商人之間的關係為何？物流又是如何運作的？多少錢能買得起刀或弓？米與菜的價格大約是多少？本書將從幕府與大名所實施的宏觀經濟政策、商人等百姓的真實生活，乃至軍事物資與物流，解說戰國時

代經濟方面的真實樣貌。

　　從經濟的角度來解析戰國時代，想必能感受到有別於戰爭、中世紀日本所具備的力量。而這股力量對於歷經泡沫經濟破裂、長期通貨緊縮而委靡不振的現代日本而言，應該不失為一種激勵。

　　倘若大家能感受到大名、商人與農民這些古代日本人的幹勁，並化為某種生存的啟發，將會是筆者莫大的榮幸。

　　　　　　　　　　　　　　　　小和田哲男

快速認識戰國經濟①

諸多大名的領國經營之道

相較於轟轟烈烈的戰役，大家對戰國時代的經濟狀況仍有許多不甚了解之處。當時的諸多大名是如何經營領國的財政，並打造富國強兵的基礎呢？

經濟的結構

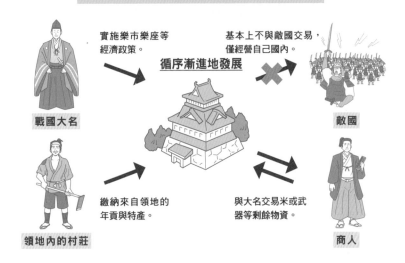

實施樂市樂座等經濟政策。

循序漸進地發展

基本上不與敵國交易，僅經營自己國內。

戰國大名

敵國

繳納來自領地的年貢與特產。

與大名交易米或武器等剩餘物資。

領地內的村莊

商人

應仁文明之亂爆發的同時，揭開了戰國時代的序幕──室町幕府的權威早已一落千丈，有權有勢者於日本各地割據一方。他們為了戰勝敵國而推動富國強兵政策，為了維持強大的軍事實力，領國的經濟基礎勢必得穩如磐石。

直到豐臣秀吉完成統一天下大業之前，許多大名都避免與他國交流，僅憑自己國內的力量來經營領國。此外，還於與鄰國的交界等處設置關所，控制物資的出入，並向通行者徵稅，作為收入來源。

戰國大名為了壯大自己國家而實施各式各樣的經濟政策，而當中最著名的應該就是織田信長推行的樂市樂座。在此之前是由名為「座」的同業公會壟斷市場，管理商品的價格與流通。然而，這種做法因缺乏競爭而無法活化市場，

戰國時代從貫高制改為石高制

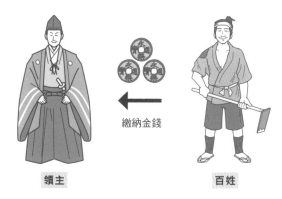

貫高制

標示每一塊農地的徵稅額。戰時也是根據這種貫高制來要求動員兵數。

繳納金錢

領主　　　　　　　　百姓

轉為石高制

石高制

透過檢地釐清土地的產量，再乘以稅率，是徵收年貢的一種方法。檢地若非手握大權的大名，往往會面臨領地內的反彈。

繳納米或蔬菜等物資

領主　　　　　　　　百姓

故而讓許多商人進入城下町展開自由買賣，藉此引發市面流通商品的價格競爭，以求活絡經濟，此即樂市樂座。

另外，戰國時代的日本不具備鑄造貨幣所需要的技術，市場上流通的貨幣都是來自與明朝（中國）貿易時所用的銅錢。不過，假如發生時間久而劣化的老舊貨幣或私下鑄造的私鑄錢（偽幣）在市面上流通的事態，自然無法被認可為官方貨幣，在市場等處也人人避之唯恐不及。

如此一來，市場上流通的良幣量驟減，又無法鑄造新幣，結果連戰國之世都曾陷入所謂的通貨緊縮經濟。

快速認識戰國經濟②

發展顯著的流通網絡

到了戰國時代後期（安土桃山時代），戰國大名等下令修築無數街道，改善了領地內的治安。此外，海運中繼站等處則因貿易而繁盛起來，還出現影響力足以拒絕大名介入的都市。

琵琶湖為交通要塞

琵琶湖位於京都附近，從地理上來看相當於日本的中心，利用水路來運送人員與物資，故有無數船隻往返於此。自古以來的「七道」中，東海道、東山道與北陸道都經過琵琶湖附近，其周邊一帶建造了許多城下町。

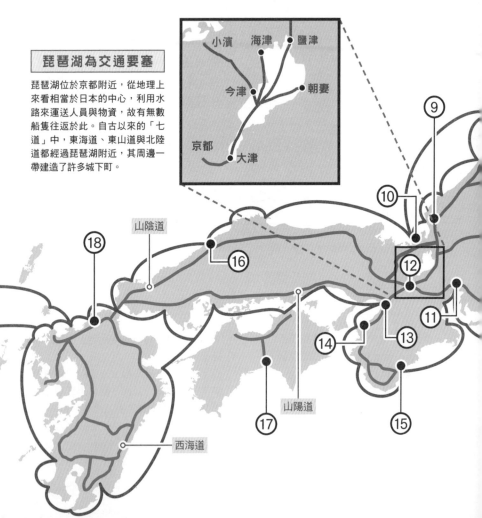

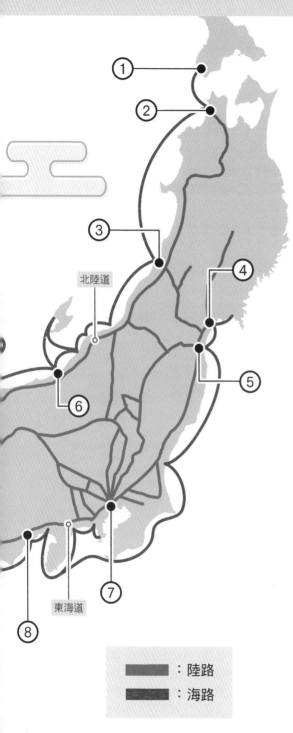

戰國時代的主要都市

①福山（蝦夷）

②十三湊（陸奧國）

③酒田（出羽國）

④鹽釜津（陸奧國）

⑤松川浦（陸奧國）

⑥直江津（越後國）

⑦六浦（相模國）

⑧江尻（駿河國）

⑨敦賀（越前國）

⑩小濱（若狹國）

⑪桑名（伊勢國）

⑫京都（山城國）

⑬大阪（攝津國）

⑭堺市（和泉國）

⑮新宮（紀伊國）

⑯溫泉津（石見國）

⑰浦戶（土佐國）

⑱博多（筑前國）

北陸道

東海道

■ ：陸路

■ ：海路

貨幣的種類也是百花齊放

日本的現金如今已經統一為硬幣與紙鈔，而戰國時代有許多大名是獨自經營領國，各國的貨幣制度也有所不同。在此試著探究當時所使用的貨幣。

市場上普遍流通的銅錢

永樂通寶

當時普遍流通的銅錢是於中國明朝鑄造的。鑄造於明朝永樂皇帝在位的時代，故稱為永樂通寶。

市場上流通的劣質錢幣

文字磨耗　　**部分缺失**

銅錢即便因磨耗而看不到文字或有部分缺失，仍會繼續使用。日本稱這種劣質的錢幣為「鐚錢（びたせん）」，還成為「びた一文まけられない（無法再降價）」中「びた」一字的語源。

戰　戰國時代日本各地都鑄造出許多貨幣。如前面第 5 頁所述，日本自室町時代起，便透過貢舶貿易與明朝進行貿易，流入了大量銅錢，因此這種銅錢普遍在市場上流通。然而，隨著明朝的海禁政策與東亞周邊地區對海賊（倭寇）的取締愈來愈嚴格，銅錢的進口量也逐漸減少，至於已經在市面流通的銅錢，則因為時代的推移而有部分缺失，

或是有刻字磨損，已經稱不上是官方貨幣了。

這種劣質的銅錢即稱為鐚錢，據說有些商人會拒絕顧客以鐚錢付帳，大名也強制人民使用官方的銅錢（良幣）來繳稅，也就是所謂的「撰錢」（選錢），結果加速貨幣的短缺。暗地裡鑄造的私鑄錢在市場上的流通量多過良幣，尤其是農民，因為接二連三的戰事或飢荒而

金與銀

古丁銀

於西日本銀山鑄造的銀幣。單面有刻字。

天正大判

根據豐臣秀吉的命令所鑄造的金幣，用於餽贈或購買軍事物資。

甲州金

 兩

 分

 朱

 糸目

於甲斐鑄造的金幣。採用4進法，1兩＝4分＝16朱＝64糸目。「金に糸目をつけない（花錢如流水）」的語源即出自於此。

當時現金的單位
1文＝1錢
1疋＝1文×10
1結＝1文×100
1貫（1連）＝1文×1000

難以備妥良幣，有不少人因此逃至他國。

為了抑止這種貨幣短缺的狀況，好讓經濟順暢運作，室町幕府與諸多大名都頒布了禁止撰錢的撰錢令。像是織田信長就訂立了鐚錢與良幣的匯兌率，由此可看出其為此煞費苦心。另外，戰國時代還發現了如今已登錄為世界遺產的石見銀山，加上引進了名為灰吹法的精煉方式，據說銀產量占了全世界的３分之1。

不僅如此，還創造出獨樹一格的貨幣制度，甲斐的武田家便是一例：在金山豐富的甲斐鑄造了名為甲州金的金幣，史上首度於貨幣本體上記載了面額。甲州金在武田家滅亡後，由江戶幕府承繼下來。

contents

第一章　平民經濟之守則

第二章　領國經營之守則

大名與經濟

經濟政策

三豪傑的經營之道

第三章　經濟戰之守則

軍事物資

第四章　貿易與物流之守則

SPECIAL EDITION ①

SPECIAL EDITION ②

column

第一章

平民經濟
之守則

戰國時代的主角是身穿盔甲的武士。然而，若以經濟的角度來觀察這個時代，就會浮現商人與農民的身影。因為少了他們的存在，商業、物流與稅金等系統就無法發揮作用。本章將逐一探究這些平民的經濟狀況。

農民會繳納年貢
來換取生活的保障

面對不滿意的領主，
有時會全村逃離……

大名或領主會要求其所掌管的村莊繳納年貢或執行公眾事務。當時的實際作法是以村為1個群落單位來課徵年貢等稅收，而非個別對村民徵收，稱為「村請」。領主頒布法令的情況下亦然。反之，由村莊這方向領主提起訴訟時，也是由整個村莊來進行，而非以村民個人的名義。

雖然在現代會被說成是「階級社會」，但是這種社會地位的差別從戰國時代以來就一直存在，不曾改變過。控管方與受控方，嚴格說來這種身分上的差異也一直都在。然而，換個角度來看，領主與其掌管下的村莊之間形成一種對等的關係。雙方皆為主體，締結了互相承擔義務的雙邊契約。

這樣的關係也會延伸至戰時。當領主所掌管的村莊遭受外敵襲擊時，領主必須肩負起防禦義務。所謂的雙邊契約便是指這件事，村民就是為此才負擔年貢的。倘若領主在這種時候輕易放棄防禦任務，村莊的其中一個選擇便是接納外敵作為新領主，也就是捨棄違約的前領主，與新領主締結新的契約。

領主在歉收之時同意減免年貢，也是對農民日常負擔的一種回報。只要領主能保障和平安穩的生活，村莊就會繳納年貢或付出勞力。倘若領主不同意減免年貢，村莊也會不惜訴諸武力等行動。逃散，也就是捨棄並逃離家園或耕地是常用的抗議手段。如果領主立即改變主意還能相安無事，但若無視或應對不當，農民會直接移居他處，村莊就此消失。這麼一來，領主也會徹底失去一直以來收取的年貢。

農民的控管

農民與領主是互助互惠的雙向關係

不徵稅，領國的經營會不穩定；徵太多稅，則會遭農民厭惡。
領主必須懂得權衡之道。

勸農（鼓勵耕作）

要向農民徵稅，就必須整頓環境，好讓他們
在田裡勞動。一般認為，大名是出於這個目
的而提供必要的資金給農民。

沒有異常

守衛村莊

守護村莊基本上是住在該地的農民之責，不
過經營領國的武士似乎也會在各個村莊巡
邏。

年貢

領主與農民並非支配關係，而是雙邊關係。
農民感受到領主之恩，就會持續繳納年貢。

人都跑哪去了!?

逃散

農民對領主的年貢等政策有所不滿時，會躲
進附近的山裡以示抗議。如果領主未加以修
正，農民有時也會捨棄村莊。

17

住在國界線上的農民
會被剝削兩次年貢

符合的人 ▷	大名	公家	商人	農民	其他		符合時代 ▷	室町後期	戰國初期	戰國中期	戰國後期	江戶初期

在剝削橫行的戰國時代，中飽私囊早已見怪不怪！

有時候領地的權利關係並不明確，戰國時代的農民長期飽受重稅之苦。不光是領主，有時還會被管理當地的莊官等課以雙重的稅金，甚至有些情況下，領地邊界附近的居民還得繳稅給土地相鄰的2邊領主。

隨著時代的推移，中飽私囊的情形日增，儼然成為一大問題。除了莊官以外，農民還要繳納年貢給守護（幕府的行政官）或地主。舉其中一例來說，假設某塊農地所繳納的年貢為1石5斗，扣除繳給領主或守護的段錢（守護徵收的稅金），有時地主會占去了9斗。

在年貢制度完善的江戶時代，按慣例1石5斗的年貢幾乎會全數上繳，若為藩領（藩主的領地）便繳給藩，若為天領（幕府直轄的領地）則繳給幕府。相較之下，戰國時代苛扣揩油的比例非比尋常。

以和泉國的熊取這塊土地為例，應仁2年（1468年）的土地年貢為7斗，而地主分配到6斗，這個時間點的年貢還略高於地主的所得。然而，到了戰國時代中期的永祿3年（1560年），年貢只有4斗4升，地主卻能取得1石7斗，地主分配到的實為年貢的4倍之多，增加的幅度驚人。原因就在於年貢量（納稅率）固定不變。

在始於南北朝的戰亂時代，土地的確因為長期的紛亂而耗竭，但另一方面，生產效率則有所提升，因此生產力本身呈正成長。產量增加也意味著淨收增加，但是如果這時的納稅率是固定的，會如何呢？由於分母變大，地主分配到的就變多了。由此可見，當時農民飽受地主階級從中揩油之苦，已成常態。

剝削

農民一直繳納好幾倍的稅收！

下剋上與戰事不斷的動亂時期，農民被各方人士索要稅收。請觀察一下這種剝削的實況吧！

農民

原本要繳納給守護的稅收，連地頭或加持子名主都要來分一杯羹。

 剝削

守護

幕府任命的行政官，為土地的首長。負責監督地頭。

剝削

地頭

徵收租稅或軍役等，負責土地的實質管理。是從當地武家中選出來的。

 剝削

加持子名主

負責整合農村，為農民之首。有些人會利用職務之便來徵稅。

戰國FILE

隨著戰國大名的躍進，消除了對農民的剝削

農民一直以來被徵收不合理的稅收，但是戰國大名的實力壯大後，守護、地頭與加持子名主便逐一消失。稅收整合為一以後，農民也就不再遭受剝削了。

商人要做生意
就必須贈送財物給掌權者

符合的人 ▷	大名	公家	商人	農民	其他

符合時代 ▷	室町後期	戰國初期	戰國中期	戰國後期	江戶初期

接受掌權者的庇護 並取得特權的商人

商人為了賺取每日收益，而在土地間遊走做生意。在可說是經濟正在起飛的中世紀時期，他們的生意促進了都市的發展與都市間的文化連結。話雖如此，要在這個時代經商並非易事。

京都可謂當時的國家中心，在其周邊地區做生意，需要好幾種特權。首先是商品的銷售權。即便有東西要賣，沒有賣的權利也無計可施。其次是通行權。通往京都的道路或河川上設有許多關所，每一關都會課收稅金，即所謂的關錢。通行權便是擺脫這種負擔、免除關錢的權利。此外，還有土地、田地等生活相關的各種事物都會被課稅。沒有這些特權，就做不了生意了。

順帶一提，要擺脫各式各樣如障礙般的稅金負擔，必須有朝廷、公家或有勢力的寺社的庇護。在這些掌權者的庇護下，形成了充滿特權且封閉的商業集團，即所謂的「座」。

然而，亂世當道以後，情況為之一變。出現在各地的戰國大名分割統治全國，對商業層面亦有所影響。戰國大名也會提供商人各種特權與庇護，商人不僅能在領國內匯集物資，還能將京都的商品帶進領國。於是，戰國大名開始能透過商人取得領國內所沒有的各式物資。

如此一來，每個大名的領國都有自己的經濟運作系統，強化自主性、座與中央權力都望塵莫及的經濟圈就此成形。在物流逐漸發達的同時，一直以來既封閉且封建的座已經不合時宜了。

商人的守則

不攀權附勢就做不了生意

朝廷、公家與戰國大名等，皆為戰國時代的權勢者。商人必須獲得他們的允許才能開始做生意。

討好掌權者

商人為了取得買賣許可，會贈送金錢或茶器等昂貴之物給掌權者。

座

在朝廷或公家等的庇護下，名為「座」的商業集團在京都於焉成形。

你們不准在這做生意！

排他且封閉的座

一旦商人增加，獲利就會變少，所以座會排拒新加入的商人。

戰國大名的庇護

商人之中，開始有人繳錢給戰國大名，然後在其領國內做起生意。

壟斷獲利

只要在強大大名的羽翼下經商，生意也會隨著國力提升而愈來愈好。

御用商人

接受戰國大名庇護的商人即稱為「御用商人」，能夠累積巨大的財富。

有人從一介商人竄升成為大名

符合的人 ▷	大名	公家	商人	農民	其他

符合時代 ▷	室町 後期	戰國 初期	戰國 中期	戰國 後期	江戶 初期

◎ 功名與野心暗藏於心，賣著商品度過每一天

現今所說的行商人（行動商販），在戰國時代稱為連雀商人。這是因為有很多人會把商品綁在名為連雀的工具上，背著邊走邊做生意，故得此名。連雀原本是雀形目中的小鳥名稱，連雀商人所用的工具與其左右翅膀上各垂著一根長羽毛的模樣相似，故以此為名。使用扁擔代替連雀，挑著貨物來兜售的，則稱為「振売」（貨郎），這個詞也是指行商人。

行商人會走遍全國做生意，到了戰國時代則改在城下町所舉辦的定期市集販售物品。雖然統稱為行商人，卻可依經手的商品分為多種類型，有賣點心的「糖粽販」、「地黃煎販」，賣生活用品的「材木販」、「竹販」，賣食品的「菜販」、「鳥販」等。女性眾多亦為行商人的一大特色，較著名的便是頭頂著木炭或薪柴來兜售的大原女，以及自桂川捕香魚來賣的桂女。其他還有販售扇子、布、魚或豆腐的，也多為女性行商人。

這些沒有店鋪的商人當中，也有人從可說是下層階級的行商人竄升到大名的地位。在戰國時代，只要有才能與運氣，就能出人頭地。話雖如此，要從底層往上爬升實非易事。倘若目標是成為天下人，機率更是接近奇蹟。實現這種奇蹟的，便是豐臣秀吉。關於秀吉的出身眾說紛紜，尚無定論，依《太閤記》的記載，據說他少年時期用父親的遺產買了針，在貧困之時便遊走各地賣針維生。

此外，昔日有一則眾所周知的說法認為，透過下剋上扶搖直上的齋藤道三也曾是行商人。他從一個賣油郎發跡，進而取得美濃一國，最終讓初露頭角的織田信長成為他的女婿。

商人的演變過程

商人與掌權者建立了親密關係

商人早在戰國時代開始之前就存在，從掌權者那裡獲得各種特權，走遍全國各地。

免禮

供御人
向天皇或皇族等進貢海產或工藝品的集團。隸屬於朝廷，享有免除納稅等特權。

神人
向有權有勢的寺社供奉魚貝類等產品的商人。以寺社的強大權力為盾牌，走遍全國各地兜售剩下的商品。

你可以過去了

自由通行權
和掌權者關係緊密的供御人與神人，都擁有自由通行權，免付關錢就能通過關所。

中世紀出現的行商人，令商業日益蓬勃

如今幾乎看不到行商人的蹤影，但在戰國時代卻是標準的經商
形式，兜售一些藥、糖、肉等產品。

番匠笠

地黃煎販

販售以名為赤矢地黃的植物根部煎煮而成的
草藥。特色在於頭上會戴著名為番匠笠的斗
笠。

糖粽販

販售以糯米為主要原料、名為糖粽的糖果，
亦稱為飴粽，成為武士的隨身糧食或戰備
糧。

竹販

販售竹子，有一些身分地位較高者，被稱為
竹供御人。也有農民砍伐竹子來賣的案例。

鳥販

販售鳥類，主要是一些可食用的雉雞或野
鶴。不僅限於鳥類，據說還經手販賣狼、兔
子、狐或狸等。

行商人②

以行商人之姿活躍的，不僅限於男性！

京都是戰國時代最具活力，總是人聲鼎沸的城市。不只有男性，在這裡還看得到女性行商人的身影。

販女

以行商為業的女性之統稱。搬運貨物時，一般會先用一塊布蓋在頭上，把東西裝進罐子、桶子或籠子等容器中，再頂於頭上。

大原女

京都的行商人，指販售薪柴的女性。由於山城國的大原（今京都府京都市左京區大原）為薪柴的產地，故取此名。

桂女

居住於山城國的葛野郡桂（今京都府京都市西京區桂）的行商人。除了做生意，還兼任巫女或遊女。

白川女

在流經京都的白川川畔販售各種季節花卉。一般認為，平安中期往京都御所送花為其起源。

25

刀具與步槍等軍事物資
是由商人採購後上繳給大名

◎ 戰國大名與御用商人
長期互相利用

御用商人會促進地區物流來支持戰國大名對領國的經營，用以換取特定商品的專賣權等特權。他們的力量在交戰之際也發揮得淋漓盡致。戰爭中最重要的便是武器與糧食，這些物資的籌措也是御用商人的重要任務。

無論什麼時候爆發突發性的戰役，都要迅速提供大量物資。這不是件容易的事，但正因為他們會在緊急時刻聽從這種不合理的要求，才獲准進行日常的商業活動。以大名的立場來看，平日裡就對商人們照顧有加，所以緊急時刻要求他們靈活應對也是天經地義的事吧。

為戰國大名服務的御用商人中，還有一種人地位較高而享有特權，稱為商人司。他們在管控的地區內為眾多商人的統領，負責取締來自他國的行商人，還被授權代收商業相關的各種關稅。較具代表性的有侍奉蘆名氏的築田氏、侍奉今川氏的友野氏、侍奉上杉氏的藏田氏等。

堺市商人中有號人物名為今井宗久，曾向織田信長進獻無數茶器的名器而獲得青睞，最終被任命為攝津國的代官，還獲得免除淀川關錢、管理生野銀山等各種權益。今井宗久原是以武器商人身分致富，後來又憑藉著與生俱來的遠見而成為富商，一手包辦織田陣營的財政與軍需。

御用商人中，也有不少人是靠海運業致富。據說還有些人在對外貿易中獲利的同時，還向侍奉的大名通報其他國家的情況。不僅限於國外，向大名匯報國內各地的情勢也是御用商人的重要任務。經商平常就一直在各個地區間移動，趁機收集情報再適合不過了。

御用商人

能為大名實現任何願望的能幹商人！

御用商人在大名的庇護下累積了巨額財富，故而不會對大名做出有違情理之事。

我有事相託……

御用閭

御用商人與大名，平日裡是互助互惠的關係。只要進入戰爭時期，就會被大名傳喚，委託物資的籌措。

籌措糧食

如果爆發戰爭，大名必須提供糧食給士兵。商人肩負籌措糧食的任務，必須備齊所需的量。

籌措武器

不僅限於糧食，商人有時還會受託籌措武器，負責採買步槍、刀具、弓具等，來協助作戰。

是……實情

提供情報

走遍全國的商人是收集國內外情報的最佳人選，他們一獲得有價值的情報就會提供給大名。

大阪的商人集團
比大名更具勢力

自治都市「堺市」存在感十足
連大名都無法輕易干涉

堺市面向現今的大阪灣，是瀨戶內地方的港口都市，地處攝津、和泉與河內3國的「交界處」，為其名稱之由來。應仁文明之亂以後，堺市成為明日貿易的據點而繁榮不已，於戰國時代產出大量工業產品，以國內最先進都市之姿迎來全盛時期。

堺市很早以前就有自海外運入的步槍與彈藥等在市面上流通，此時期終於也有了無數專業師傅，展現出生產都市的一面。從製造到流通都一手包辦，堺市逐漸成為日本的中央武器彈藥庫。

如此一來，那些覬覦天下且有權有勢的大名，自然不會默不作聲。他們為了將堺市納入管控之下而採行各種策略，但是目的一致的勁敵也不在少數，所以事情的發展不如預期。此外，堺市不僅以自治都市之姿獲得外界認可，還擁有相應的武力，這也是原因之一。

當然，即使強行攻陷堺市，對大名來說也沒有好處，因為如果堺市不幸遭毀，就無法取得在這個城鎮裡生產或進口的關鍵物資了。另外，倘若失去這個物流的核心地區，對京畿乃至於國內的經濟都會產生不良影響。大名便是出於這些考量而遲遲難以出手。

堺市明明不是戰國大名的管轄地，卻能在戰國之世釋放出巨大的存在感，還曾經動用其影響力來調停戰爭。三好長慶將足利將軍逐出京都而暫時奪得政權，在其死後，曾為重臣的松永久秀與三好三人眾交戰，久秀一度逃進堺市。當時掌管堺市的會合眾做出勝者為三好三人眾的判定，戰事就此落幕，堺市未遭戰火波及。在堺市裡，商人的地位高過本該是支配階級的武士。

自治都市：堺市	作為貿易據點的城鎮，商人眾多而熱鬧非凡

堺市作為商業的核心地區而繁榮不已，是連大名都無法隨意干涉的商人自治都市。

貿易

面向大阪灣的堺市盛行貿易，國內外的船隻頻繁來訪。商人取得大量物資，藉此獲得龐大財富。

步槍鍛造

步槍的製造

堺市一直有大量步槍在市面上流通，商人進而著手製造並出售，堺市就此成為日本國內為數不多的步槍產地。

自治都市

城鎮的出入口設有城門，護城河環繞其周圍。以高防禦力著稱，即使武士來襲也不容其輕易入侵。

會合眾

由大約10名堺市較具勢力的商人所組成的自治組織。名稱雖不同，但伊勢與博多等都市中也有類似的組織。

隨著市場日益活絡，
定期市集從每月3次增為6次

符合的人 ▷ | **大名** | 公家 | **商人** | 農民 | 其他 |

符合時代 ▷ | 室町後期 | **戰國初期** | **戰國中期** | **戰國後期** | **江戶初期** |

◎ 戰國大名的城下町中會定期舉辦市集

戰國大名的領地內，有時會舉辦名為六齋市的市集。這是中世紀以後每月會舉辦6次的定期市集，源自於佛教的例行儀式「六齋日」（世俗信眾的齋戒之日）。基本上10天內會舉辦2天左右，舉辦日期會依地區而異，但大多是像1、6、11、16、21、26這樣，每隔5天舉辦一次。

進駐六齋市的店家都是採用所謂的屋台（地攤）形式。雖說是定期市集，卻不是常設店家，故而容易移動與設置的屋台較為理想。這樣的屋台店和一般的店家合力招來大批顧客，讓六齋市熱鬧滾滾。

領地內的經濟活動變得愈活躍，國家也就愈富裕——這便是戰國大名積極舉辦市集的原因，但是率先在這個時代整頓城下町，並在自己國內建立龐大經濟圈的，應該是織田信長。他認為應該振興地區內的自由買賣，

故而採行所謂的樂市樂座政策，廢除座所擁有的特權與市場稅。此政策並非信長的獨家專利，但是最有效導入此制度的正是信長的居城，即安土城的城下町。

耶穌會傳教士路易士·佛洛伊斯曾留下一本書，根據書中記載，安土城的城下町日益發展而繁榮不已，以距離來說，該鎮長達約5.6公里。這是巴黎香榭麗舍大道的兩倍以上，足以想見當時的熱鬧景況。

由特定商人所組成的「座」壟斷市場，並將部分獲利獻給寺社等掌權者，若按這種舊有的作法，領主根本無利可圖。有鑑於此，織田信長等諸多戰國大名讓自己的城下町發展成自由的商業都市，連新興商人都能參與其中。結果，依此法所取得的財力漸漸成為讓戰事朝有利方向推進的原動力。

六齋市

每月約6次，屋台進駐的戰國定期市集

戰國大名的領地內，有時也會舉辦名為六齋市的定期市集。這裡不只販賣食品，還能買到舶來品。

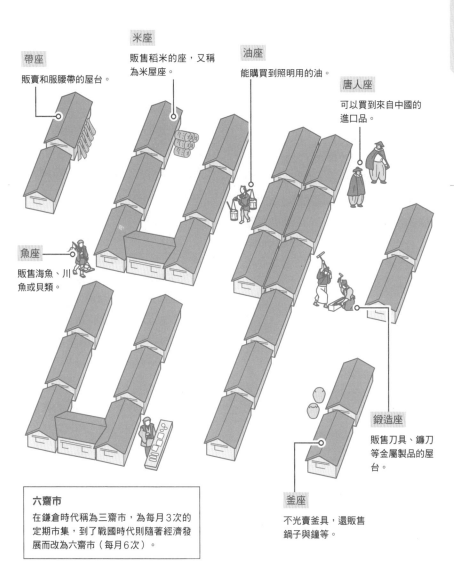

帶座
販賣和服腰帶的屋台。

米座
販售稻米的座，又稱為米屋座。

油座
能購買到照明用的油。

唐人座
可以買到來自中國的進口品。

魚座
販售海魚、川魚或貝類。

鍛造座
販售刀具、鐮刀等金屬製品的屋台。

六齋市
在鎌倉時代稱為三齋市，為每月3次的定期市集，到了戰國時代則隨著經濟發展而改為六齋市（每月6次）。

釜座
不光賣釜具，還販售鍋子與鐘等。

流通發達的戰國時代
曾興起一股地酒熱潮！

地酒、燒酒再加上紅葡萄酒⋯⋯
許多魅力十足的酒類於焉誕生！

　　日本酒的歷史悠久，但是釀酒業到了中世紀以後才開始蓬勃發展。釀酒業者的經商模式是：在自家經營的店鋪裡販售於酒藏釀造的酒。這門生意在堪稱經濟文化中心的京都伏見等地十分興盛。此外，自平安時代以來便於大寺院釀造的僧坊酒，也具有難以動搖的人氣。

　　據說室町後期至安土桃山時期是個酒宴多而飲酒量大的時代，也是釀酒業的環境產生巨變的時期。各地群雄紛紛崛起，割據土地各統一方，連釀酒業也開始在全國拓展開來，地酒便應運而生。

　　主要產地京都的釀酒業者對這樣的趨勢提高警覺，但是獨具特色的新酒款登場後，仍逐漸為市場所接受。西宮的旨酒、加賀的菊酒、伊豆的江川酒、河內的平野酒、博多的練貫酒（練酒）等，皆堪稱地酒之代表。這當中的練貫酒是使用糯米，以臼碾碎成醪，為糊狀酒。這是一種如熱絹般帶有光澤的甘口酒，備受貴族與大名的喜愛。慶長3年（1598年），豐臣秀吉於京都醍醐寺舉辦的醍醐賞花活動中，據說除了菊酒與江川酒之外，也有提供練貫酒。

　　日本酒依其製法被歸類為釀造酒。另一方面，燒酒、威士忌與伏特加等，則是以釀造酒蒸餾而成，屬於蒸餾酒。戰國時代自海外傳入各式各樣的技術，蒸餾技術也是其中之一。蒸餾酒（燒酒）廣泛傳至琉球與九州。

　　順帶一提，葡萄酒也是在這個時期傳入的。有則說法指出，傳教士方濟・沙勿略是第一個品嚐日本酒的西方人。此外，現有紀錄顯示，沙勿略曾向島津貴久與大內義隆等大名進獻珍陀酒（紅葡萄酒）。

地酒

漸漸買得到在地的酒

物流日益發達的同時，地酒也令許多人如痴如醉。市場上集結了全國各地以味道著稱的地酒，好不熱鬧。

要不要來點酒呀？

各地方的地酒相繼集結

戰國時代開發了釀造桶，連地方上也能大量釀酒。在地品牌陸續誕生，酒文化遍地開花。

燒酒的製造

戰國時代也很盛行製造燒酒，還以「芋酒」之名在京都販售。

外國傳教士與日本酒

傳教士沙勿略等人也品嚐過日本酒。西方人的葡萄酒等酒類是冰鎮後飲用，沒有溫酒飲用的文化，所以據說他們因此感受到文化差異的衝擊。

戰國FILE

織田信長無法飲酒，卻是個甜食愛好者

織田信長給人會豪邁飲酒的印象，但實際上卻幾乎滴酒不沾，反而熱愛甜食。有紀錄顯示，外國傳教士獻上金平糖時，令他喜不自勝。

真甜

比叡山延曆寺
長期經營高利息的借貸業務

| 符合的人 ▷ | 大名 | 公家 | 商人 | **農民** | 其他 | | 符合時代 ▷ | **室町後期** | **戰國初期** | 戰國中期 | 戰國後期 | 江戶初期 |

放高利貸給為錢所困之人再脅迫還錢，充滿黑金體質

日本自古以來就有借貸制度，即所謂的「出舉」，是把稻種或金錢等借給農民，再於秋收時期要求連本帶利地歸還。原本的目的是一種貧民對策，但隨著時代的推移，開始將重點擺在利息收入上，逐漸成為行政上的重要財源。換言之，其性質近似稅金。相對於此，暗地裡進行這種借貸行為的，則稱為「私出舉」。寺社勢力即為當時大規模進行借貸的私出舉放貸人。

中世紀以後，寺社獲得大量捐獻而開始擁有私人土地，即廣大的莊園。於是他們便以取自莊園的米與捐贈的米作為本金，以出舉來說算是極高的利息進行借貸，最具代表性的便是比叡山。比叡山的日吉大社是連《古事記》中都有記載的歷史悠久的神社，與延曆寺關係深厚，其進行私出舉時的經濟支柱便是延曆寺。日吉大社將有神之使者之稱的「神人」派至全國各地，負責私出舉的交涉。

中世紀以後，隨著貨幣經濟的發展，私出舉不再借出種子，而是改變型態，轉為更直接的借貸業務：土倉。土倉很類似現今的當鋪，但是這套系統極其惡質。據說一旦拖延還款，就會有武裝的討債人闖入，威脅如果不還錢就會遭到天譴。說起來，貸款利息本來就不合理，據說平均年利率高達48～72%，所以借了錢的農民最後都會難以償還，寶貴的田地被奪走等早已成為家常便飯。

順帶一提，據說京都的土倉有8成貸款是來自比叡山的日吉大社。京都在國內經濟方面可謂當時的首都，其大部分的金融業都由寺社勢力一手掌控。

靠借貸業務牟取暴利的寺社勢力

延曆寺

說到寺社，都會給人正直廉潔的印象，但是他們在戰國時代卻是經營借貸業務的武力集團，以高利息折磨農民。

擁有土地

延曆寺擁有廣大的莊園，藉此獲得相當可觀的稅收。他們具備連戰國大名都自嘆不如的經濟實力。

借貸

收入不光是來自莊園的稅收，還透過借貸業務牟利。據說利率為48～72%，高得嚇人，令農民為還債所苦。

不還錢可是會遭天譴的！

天譴

討債者十分苛刻，威脅若不還錢會遭到天譴。一般認為，此法對信仰愈虔誠的債務人來說愈有效。

戰國FILE

延曆寺連成員聚集的寺內都租借出去，以獲取高額利益

延曆寺雖然擁有處處皆可舉辦市集的廣大土地，不過他們只在自己的寺社境內舉辦市集，並且向商人收取場地費來賺取每日收益。

有多達8個財閥
足以影響戰國的經濟

寺社為戰國時代的財閥，掌握著既得權益

大家或許會感到驚訝，從室町至安土桃山時代，日本大半資產皆為寺社所有。作為戰爭主力的武士無疑是戰的主角，但是當時的寺社擁有雄厚的財力，以龐大的權力與存在感著稱，同時還具備足以與戰國大名抗衡的武力。

室町時代後期的永正5年（1508年），負責執行幕府政務的管領（輔佐將軍的官員）細川高國頒布了「撰錢令」，制定出劣幣的處理辦法。法令頒布之際，當時的每一位大富豪都成為首批適用對象。幕府認為，只要先滲透富人，下層階級便會群起效尤。

這些富豪分別是大山崎（京都自治都市）、堺市（大阪自治都市）、山門使節（幕府為了統治延曆寺信徒所成立的組織）、青蓮院（天台宗寺院）、興福寺（法相宗大本山）、比叡山三塔（由3座寺院所構成，延曆寺的別稱）、大內義興（戰國大名，幕府的代理管領），以及細川高國（戰國大名，幕府的管領）。

這8個團體與個人對國內經濟帶來莫大影響，可說是戰國時代的8大財閥。順帶一提，8大財閥中有3個與比叡山有所關聯，分別是山門使節、青蓮院與比叡山三塔。

如此看來，織田信長之所以與佛教勢力敵對，和宗教鎮壓等有所不同，還有另一個層面的意義，即破壞或掠奪既得權益。

比叡山延曆寺所代表的寺社勢力，是能影響政治經濟的特權階級。那麼，對於以統一天下為目標、試圖掌控國家所有權益的信長而言，當然會視其為一大阻礙。反之，對比叡山而言，信長不過是既得權益的掠奪者罷了。自然而然便演變成雙方的劇烈衝突。

8 大財閥

在戰亂之世擁有高度經濟實力的人們

戰國時代也有壟斷市場的富人團體。其中又以寺社勢力的存在格外醒目。

山門使節　　　青蓮院　　　比叡山三塔　　　興福寺

寺社勢力

寺社勢力中也有3個團體與比叡山有所關聯,即除了興福寺以外的青蓮院、山門使節,以及比叡山三塔。在這個時代,僧侶掌控著強大的武力與經濟實力。

撰錢令

為了改正劣質貨幣的流通而制定的法律。室町時代後期所頒布的撰錢令,是針對積存著鉅款的8大財閥。

細川高國

室町幕府的管領,是位超級強大的「大大名」,曾任攝津國、丹波國、土佐國等國的守護。

大內義興

為周防、長門、石見、安藝等國的守護。以代理管領的身分掌握實權。

堺市（大阪自治都市）

大阪的堺市為商人之城,繁榮不已。屬於自治都市,以龐大財富為後盾,頗具影響力。

大山崎（京都自治都市）

大山崎也是自治都市,位於京都一隅。為油的產地,因而頗具勢力。

酒、麴、織物等工商業皆由寺社勢力壟斷

符合的人 ▷	大名	公家	商人	農民	其他		符合時代 ▷	室町後期	戰國初期	戰國中期	戰國後期	江戶初期

不止掌控京城的金融業務，還壟斷了生活必需品的流通

當時的買賣都是以定期舉辦的市集為主。在常設的固定店鋪裡進行買賣還不是主流，大多是在土地廣闊且能聚集眾人的地方舉辦市集。這時大家腦中浮現的便是寺社的腹地，這也是為什麼市集大多會在寺社有祭典的日子舉辦。

追根究柢來說，寺社為市集的主辦方，所以它對市集相關人士的影響力也必然很大。進駐攤位需要寺社的允許，擺攤後還要繳納規定的地租（地子錢），所以從可以獲得收益的這點看來，寺社方是有利可圖的。而未能取得許可的業者則會被拒於門外，由名為座的同業公會推行封閉式的控管。

而且他們不會就此收手。寺社不僅主辦市集，還開始對貨品的流通進行控管。他們與朝廷或幕府協商，取得了特定商品的獨家銷售權。結果，寺社勢力開始壟斷生活必需品的市占率，像是比叡山的酒、祇園社的織物、北野社的麴、南禪寺的油等等。

此種趨勢愈演愈烈，有時還衍生出寺社之間的利益衝突。比叡山與北野社便是為了麴的製造銷售權而對立，還引發文安麴騷動事件。應永26年（1419年），北野社從幕府那裡獲得麴的獨家製造銷售權，引起以比叡山為中心的其他寺社反彈。這場騷動一直持續到文安元年（1444年）解除壟斷權為止。

掌握著京都金融業的寺社勢力並不滿足於此，還開始插手工商業。對戰國大名而言，這些寺社勢力也是煩惱的來源之一，畢竟他們歷歷代代扎根於那些地區，所以無法輕易出手干涉。

寺社的權利

商業比宗教還要重要!?

寺社勢力涉足商業界，並獲得了莫大的利益，明明是宗教團體，卻也兼辦釀酒等業務。

將商人拒於門外

寺社勢力會提供場地給商人，藉此賺取利潤，但有時也會因為自行銷售能賺得更多，而將商人排拒在外。

是時候授予汝官位了

進獻

對掌權者的疏通工作亦不可少，例如捐錢給朝廷等。也有僧侶從朝廷那裡取得官位，勢力日益壯大。

真香呀

跨足工商業界

也有寺社勢力經手酒的製造。酒不只可以拿來賣，還能用於儀式或淨身等，可謂好處多多。

寺社之間的鬥爭

坐擁財富與武力的寺社勢力，宗門之間的鬥爭不斷。不光是寺社之間，也有宗派會與戰國大名對抗。

| 符合的人 ▷ | 大名 | 公家 | 商人 | 農民 | 其他 |

| 符合時代 ▷ | 室町後期 | 戰國初期 | 戰國中期 | 戰國後期 | 江戶初期 |

內部名門子弟眾多，接受其支援而擴大了勢力

在《平家物語》中，白河法皇列舉出自己有3大不如意之事，即「賀茂川之水、雙陸的賭局與山法師」。賀茂川頻頻氾濫導致水害連連，而骰子面又等同於不確定的代名詞。與這些相提並論的山法師，指的便是比叡山延曆寺的僧兵。比叡山的勢力已經強大到連白河法皇（從兒子乃至曾孫，在3代天皇期間實行了43年院政）都備感棘手的地步。

寺社勢力為何會成為連中央政權都無法干涉的存在呢？其勢力的根源，也就是豐厚的財力又是取自何處？若要找出一個理由，有一點是不容忽視的：寺社裡有眾多權貴人家的子弟。

自古以來，貴族家中的繼承紛爭早已成為家常便飯。這是因為繼承家業就意味著繼承父母所有的地位與權力。有鑑於此，讓次男、三男等男性兄弟早早出家以絕後患，這種作法並不稀奇。在寺社裡長大的貴族少爺出乎意料地多，就是這個緣故。

曾任4次天台座主（住持，延曆寺的最高地位），且以著有歷史書《愚管抄》為人所知的慈圓，即為攝政關白藤原忠通之子。還有一個特殊案例：足利義教，在任職天台座主後，坐上室町幕府第6代將軍之位。

這些是比較極端的案例，不過可以肯定的是，有許多貴族或強大武家的子弟寄身於比叡山等大型寺社中。而且出身愈高貴的子弟，愈會有附帶的利益：寺社可接受本家捐獻的莊園，或是財物上的支援等。透過這些額外收入擴大勢力的同時，寺社具備了連大名都相形見絀的武力，逐漸強化其發言權與影響力。

寺社的源流

寺社勢力中不乏名門子弟

寺社勢力擁有強大的力量。其背後有一套出家系統，把名門子弟納入寺社的勢力之中。

這是一點小心意……

出家

有不少朝廷、公家或幕府的掌權者，會在引退之際出家為僧，因而讓寺社勢力與掌權者之間產生了緊密的連結。

捐獻

名門子弟出家時，其親屬擔心其安危，勢必得對寺社做出捐獻。於是土地與稅收等，皆集結至寺社勢力手中。

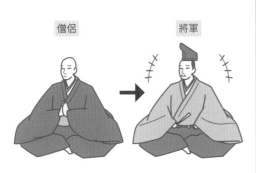

僧侶　→　將軍

還俗

室町幕府第6代將軍足利義教曾一度出家，後來還俗成為將軍。可以想見，他必定會對相當於老家的寺社有一定程度的照拂。

戰國FILE

山腳下的城鎮遭襲！

寺社勢力屢屢與戰國大名發生衝突。火燒比叡山被視為織田信長的暴行，不過近年的研究中指出，只有山腳下的城鎮遭焚毀。畢竟有不少僧侶是富家少爺，而山上又有些不便之處，所以平時就沒待在山上吧。

建蓋寺院是為了
募集捐款的商業戰略

符合的人 ▷	大名	公家	商人	農民	其他		符合時代 ▷	室町後期	戰國初期	戰國中期	戰國後期	江戶初期

寺內町有套獨特的經濟系統，無須依賴年貢或稅金

與織田信長展開長年抗爭的大阪本願寺，是15世紀末建立於攝津國的淨土真宗本願寺派的本山，其寺內町相當著名。寺內町是一種特殊的聚落，以護城河環繞寺院周遭以強化壁壘，外圍則如城下町般設置了町家。

追溯起來，本願寺在15世紀中葉時就已經徹底衰頹，使其重生的便是被稱為中興之祖的蓮如。遭受比叡山攻擊的蓮如為了避難而捨棄了京都，以越前福井的吉崎作為新據點。然後他大聲疾呼將要在該處建寺，來自全國門徒的資材便匯集至此，原為貧寒村莊的吉崎就此漸漸發展起來。本堂建立2年後，有無數門徒移居至吉崎而民宅林立，每年有數萬名門徒聚集於此。

比叡山等舊有的寺社勢力皆擁有私有地「莊園」，並透過擴張來累積財力。然而，本願寺的方式有所不同，未持有莊園，主要收入來自門徒的捐獻。當寺內町裡的物流發展起來，信徒就能獲利。如此一來，對本願寺的捐獻也會增加。

這是一種不依賴年貢或關所等通行稅的機制，財務會與獨立經濟圈的發展成正比而逐漸寬裕起來。町民即門徒，會積極參與經濟活動，並以捐款之名上繳給實為支配階層的本願寺，可說是宗教都市特有的系統。

越前的吉崎就這樣以寺內町之姿，在短短數年間蓬勃發展起來。其後，本願寺延伸至京畿，並於大阪建蓋了新的本山：大阪本願寺。這種經濟與宗教方面有緊密連結的寺內町模式擴展至各地，成為連對天下虎視眈眈的戰國大名都無法忽視的存在。

宗教商業

建蓋寺院人們就會聚集，使經濟富裕起來!?

當時的寺社猶如沙龍般，是城鎮中不可欠缺的存在。寺社勢力試圖透過建蓋寺院來活化地區。

④募集捐款
只要城鎮的經濟發展起來，位居中心地位的寺院就會有大量捐款湧入。

①建蓋寺院
寺院是冠婚葬祭的必要場所。打造城鎮的第一步便是建蓋寺院。

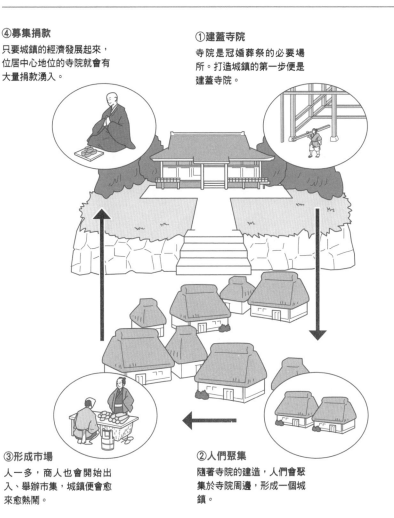

③形成市場
人一多，商人也會開始出入、舉辦市集，城鎮便會愈來愈熱鬧。

②人們聚集
隨著寺院的建造，人們會聚集於寺院周邊，形成一個城鎮。

以宗教之名展開的原創商業模式
寺社猶如現今所說的沙龍。其機制是：建了寺院就會鋪路，吸引大批人群聚集，以眾多人口為對象的生意應運而生，市集隨之成形，寺社勢力的經濟實力也就此漸漸寬裕起來。

column ①

京都是最不想居住的
城鎮之冠!?

捲入權力鬥爭的平民百姓

　　京都是日本傳統文化流傳不息的城鎮，予人一種華麗的印象，但是戰國時代的治安惡劣，尤其是織田信長上洛之前的京都，據說更是紛亂至極。其中一個理由便是各個掌權者所引發的鬥爭。當時手握實權的既非天皇亦非將軍，而是將軍底下那些企圖「下剋上」的諸多家來。全國各地有能力的武士蜂擁而至，導致戰事不斷。與此同時，還爆發宗教戰爭，例如發生比叡山延曆寺燒毀法華宗的寺院等事件。京都市內為此化為一片焦土，據說損失更甚於應仁文明之亂。此外，物價飛漲，掌權者或富商壟斷了所有生意。持續的通貨膨脹令平民百姓苦不堪言。話雖如此，京都是當時日本的首都，人口仍是壓倒性地多。

戰國時代的
物價檔案

活在戰國時代的大名與居住在城鎮裡的町民,當時是依據什麼樣的物價
基準來進行買賣的呢?在此將依當時的資料來介紹武器防具、食品、日
用品與築城等所需的費用,並且換算成現今的日圓來討論。

從武器防具、日用品乃至人口販賣！
戰國時代的
各種價格

食品與日用品和現代一樣都是生活必備品，分別要價多少呢？此外，也會逐一介紹戰國時代特有武器防具的價格。

武器防具篇

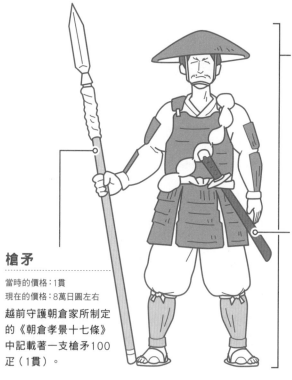

具足

當時的價格：4貫600文左右
現在的價格：37萬日圓左右

這是一名士兵身上所穿的具足（整套盔甲）之價格，會依身分、使用材料與地區等而異。

刀具

當時的價格：數百文～數貫
現在的價格：數萬日圓左右

這是戰場上所用的打刀之價格。若是價值較高的刀具則又另當別論，《朝倉孝景十七條》中有「万疋之太刀」的描述，万疋＝100貫，故可推測這種刀具約為1500萬日圓。

槍矛

當時的價格：1貫
現在的價格：8萬日圓左右

越前守護朝倉家所制定的《朝倉孝景十七條》中記載著一支槍矛100疋（1貫）。

※ 以1貫為8萬日圓、1文為80日圓來計算。

弓懸

當時的價格：200文
現在的價格：1萬6000日圓左右

弓懸是一種射箭時戴在手上的皮革製手套。

弓與箭

當時的價格：1貫左右
現在的價格：8萬日圓

弓與箭基本上是自製的，不過箭頭的部分較難準備，因此推估和槍矛同樣價格，約需8萬日圓。

步槍

當時的價格：8貫500文
現在的價格：70萬日圓左右

實際上並無資料標示出步槍的正確價格。然而，若從步槍隊士兵的每日津貼來計算，應該差不多是這個價格。

馬

當時的價格：8貫500文
現在的價格：70萬日圓左右

馬相當於現在的汽車。乍看之下會認為差不多是中古車的價格，但是馬匹購入後的養育費用高昂，故可推算出上述的金額。

---

column

存下私房錢為丈夫買馬

山內一豐曾侍奉信長、秀吉與家康3位將軍，家中有位美麗的妻子名叫千代。有則軼聞流傳至今：一豐侍奉秀吉之初，因為貧窮而買不起馬，千代拿出舅舅「用來幫助丈夫大業」而給的嫁妝，以及一點一滴積存的私房錢，買下了名馬，結果名馬引起信長的注意，一豐就此出人頭地。

餓肚子可
打不了仗!

米（1石）

當時的價格：1429文（1567年時）
現在的價格：11萬4000日圓左右

鹽（1斗）

當時的價格：167文（1567年時）
現在的價格：1萬3000日圓左右

茶（1斤）

當時的價格：60文（1567年時）
現在的價格：5000日圓左右

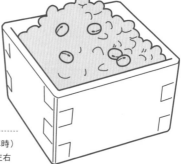

大豆（1石）

當時的價格：1667文（1567年時）
現在的價格：13萬3000日圓左右

※ 以京都的價格為基準。

瓜果（10個）

當時的價格：10文（1566年時）
現在的價格：800日圓左右

豆腐（1塊）

當時的價格：3文（1582年時）
現在的價格：240日圓左右

茄子（10條）

當時的價格：1文（1560年時）
現在的價格：80日圓左右

橘子（10顆）

當時的價格：20文（1585年時）
現在的價格：1600日圓左右

炭（1桶）

當時的價格：200文（1559年）
現在的價格：1萬6000日圓左右

足袋（1雙）

當時的價格：350文（1580年代）
現在的價格：2萬8000日圓左右

杉原紙（1捆）

當時的價格：270文（1564年）
現在的價格：2萬日圓左右

戰國FILE

何謂杉原紙？

杉原紙是中世紀日本大量生產、流通的一種紙類。主要用來寫信給別人或互贈禮品。在戰國時代為武家階級所用，到了江戶時代連平民也開始使用。

鐮刀（1把）

當時的價格：25文（1580年代）
現在的價格：2000日圓左右

※ 以京都的價格為基準。

蠟燭（1根）

當時的價格：8～12文（1580年代）
現在的價格：640～1000日圓左右

木棉（1反＝
約11公尺長）

當時的價格：872文（1582年）
現在的價格：7萬日圓左右

---

column

價格直接變成名稱的九十九茄子

一般認為，此茶器為室町幕府第3代將軍足利義滿所有，「侘茶」的創始人村田珠光曾以99貫購買，故得此名。據說越前的武將朝倉宗滴花500貫購入，松永久秀又以1000貫買下，之後又變更了幾次主人，前後由織田信長、豐臣秀吉與德川家康所擁有。

掠奪

遭綁架的人們

當時的價格：10～20文
現在的價格：800～1600日圓左右

左邊的價格是永祿9年（1566年）越後上杉輝虎（謙信）侵犯常陸小田家時的紀錄。遭綁架的人們多為女性、孩童與老人等，日文稱為「足弱」，被賣掉後淪為奴隸，被迫勞動。

人質的贖金

當時的價格：2～10貫
現在的價格：16萬～80萬日圓

源自武田晴信（信玄）進攻信濃志賀城時的紀錄。武田軍在城下大肆擄掠，活捉男女並帶到甲斐。據說如果有親屬支付贖金，便會索取上述金額後釋放。

大將首級

當時的價格：3000貫
現在的價格：2億4000萬日圓

根據贈與桶狹間之戰取下今川義元首級者的賞賜計算而出。除此之外，還有紀錄顯示該人曾獲得1座城。

錢湯

當時的價格：1文
現在的價格：80日圓左右

錢湯文化仍保留至今。看來和現代並無不同，戰國時代也是以合理的價格就能進入。

藝人的地方巡演

當時的價格：30貫
現在的價格：240萬日圓左右

出自公家山科言繼所留下的日記《言繼卿記》。該金額是受織田信秀（信長之父）之邀至尾張傳授蹴鞠技術時，所獲得的謝禮。

城堡（安土城）

人工費：300貫左右（1萬人）

木材費：383貫左右

專業師傅的酬勞：3萬6000貫

➡每人一天2貫且受雇1年時的算法。

餐費：1萬8000貫

現在的價格：44億日圓左右（含裝潢費等）

豪華絢爛的安土城現已不復存在，一般認為若按現在的價格計算，它是耗資44億日圓建造而成的。此外，根據北條氏修築江戶城時的紀錄，人工費為482貫（每人一天100文），以現在的價格來估算，大約是4000萬日圓。

第二章

領國經營
之守則

無論是為了打仗還是養活眾多家臣，身為領國經營者的戰國大名很需要錢。話雖如此，倘若對農民課以重稅，很可能會引起叛亂。要在戰亂之世中存活下來，必須具備優異的經營判斷能力。本章將逐一介紹具體的領國經營之道。

戰敗國的女性與孩童會以一人約16萬日圓的價格賣掉

符合的人 ▷ **大名** 公家 商人 **農民** 其他　　符合時代 ▷ **室町後期** **戰國初期** 戰國中期 戰國後期 江戶初期

領地內居民的稅收占了收入的大半部分

身處戰亂之世，為了打勝仗就必須有武器，而為了準備武器就必須賺錢。

戰國大名的收入來源為稅收、買賣與貿易等。領地內如果有金山或銀山，亦可從中獲取收入。另外，還會在街道上打造關所，針對通行的人、馬與貨物徵收通行費，即所謂的關錢。

此外，戰國大名還有一項特有的收入是來自戰爭，他們有時也會允許家臣在戰地裡進行掠奪，以作為獎賞。這種掠奪行為在日文中稱為「亂取」。

此時還會擄走女性與孩童來販賣，人口買賣的行情一般是每人2貫（按現在的價格約為16萬日圓）。擄獲人數增加的情況下，有時價格會暴跌至每人25文（約2000日圓），甚至更低。

除了掠奪以外的收入，還有他國請求援軍時所收到的錢、戰敗國所支付的錢、淪為戰場的土地之居民為了免遭掠奪而支付的錢，這些皆稱為禮錢。雖然有這類來自戰事的收入，但是收入基礎終究還是來自前面提到的稅收。

在歷史劇裡常聽到的年貢也是稅收的一種。居住在領地內的農民，每年會以一部份的收成作物作為稅金上繳給大名。此義務即為年貢，是大名最大的稅收來源。

除了年貢以外，還有根據所得課徵的「役錢」、富裕人家所繳的「有德錢」、高利貸業者所繳的「藏役」、針對市場營收所課徵的「市場錢」、作為軍事費而臨時徵收的「矢錢」等稅收。

現代也會對房地產、酒類、汽車、休閒娛樂等各種事物課稅，在戰國時代亦是如此。

大名的稅收

為了經營領國而徵收各式各樣的稅

一說到這個時代的稅收，就會想到年貢，但稅收並不僅限於此。大名對各種事物都有課稅。

年貢

年貢是取自農民的標準稅收。每年1次，農民會將一部分收成的米作為稅金上繳。不光是米，穀物與蔬菜也是徵稅的對象。

關錢

針對領國通行者所課徵的稅。目的只是為了徵稅，所以這個時代的關所並不會進行人身搜查或是查驗持有物品等。

市場錢

向進駐市場做生意的人課徵的稅。會阻礙自由買賣，因此隨著時代的推移而免除了這種稅。

段錢

針對水田課徵的稅。

懸錢

針對旱田課徵的稅。

棟別錢

針對住宅課徵的稅。

大名不會只依賴稅收，還會進行買賣

戰國大名並非只會剝削農民，有些國家也會著手經營買賣來增加收入。

貿易

擁有港口都市的戰國大名會透過貿易賺取收入。江戶灣、伊勢灣、瀨戶內海、博多等處都有許多港口都市，國內外的船隻在此來來往往。

礦山經營

要在接連不斷的戰役中持續獲勝，最重要的便是財力。只要擁有可開採金或銀的群山，便可化為龐大的收入。

借貸

把幼苗或種子等借給農民。應該也會進行金錢上的借貸等，以便農民備齊農具。

戰事的收入

只要打了勝仗，便可向戰敗國索取錢財

人手、武器、運送費等，戰爭的支出十分龐大。儘管如此，只要打了勝仗，收支就會轉虧為盈。

派出援軍的國家

請求援軍的國家

禮錢①
請求援軍的國家作為謝禮所給的錢。收到的金額會依援軍的活躍程度而異。

戰勝國

戰敗國

禮錢②
戰敗國支付戰勝國的賠款亦稱為禮錢。不光是金錢，還可得到土地。

禮錢③
町民希望戰勝國停止掠奪行為時所支付的錢。支付這筆錢來確保戰敗國人民的人身安全。

掠奪行為
主要是下級武士的行為。強闖民宅奪取米糧等，變賣作為收入。有時也會把女性與孩童賣到國外。

財政虧損的國家
會向商人或富裕的農民借錢

符合的人 ▷	**大名**	公家	商人	**農民**	**其他**

符合時代 ▷	室町後期	**戰國初期**	戰國中期	戰國後期	江戶初期

穩定經營領國的祕訣
在於健全的財政狀況！

軍費、給幕府或朝廷的捐獻、土木工程的費用等，經營領國必定會有支出。有時無論向領民徵收多少稅款，還是會陷入虧損狀態。

史料留下了越後戰國大名長尾為景的收支紀錄，顯示有嚴重虧損。永祿2年（1559年），長尾家的收入為年貢4770貫553文、禮錢686貫500文，合計共5457貫53文。相對於此，支出則是一般經費4549貫655文、臨時經費2687貫276文、支出的禮錢14貫351文，合計為7251貫282文。

換言之，支出多出1794貫229文之多，為虧損狀態，但這並不表示長尾家的財務狀態特別糟糕。像長尾家這種從守護大名手中奪走領地的戰國大名，徵收稅金的制度大多還不夠成熟。在此種情況下，因戰事而不斷支出高額費用作為經費，入不敷出也是沒有辦法的事。

不足的部分可以先向商人或富裕的農民借錢、勉強度過，但在這樣的財務狀態下，無法成為強大的戰國大名。想更上一層樓就得設法改善，要獲取領民的信賴也少不了健全的財政。

相模的北條早雲就是一個很好的例子。早雲為了讓自己的國家富裕起來，採取了減輕領民負擔的政策。在此之前的稅率是五公五民，也就是收成的一半會成為稅收，後來改成四公六民，領民的負擔從5成降為4成。此外，還針對因為災害等因素而無法繳納年貢的領民，頒布了德政令，暫時免去其稅收。如此一來，百姓們都幹勁十足地工作，生活變得富足，結果連帶國家也富饒起來。

順帶一提，據說其他大名也都紛紛將早雲所實施的稅制改革奉為圭臬。

領國經營

實行經濟政策以求經濟穩定！

戰國大名經營領國有不小的支出，有時財政十分窘迫。也有人因而著手改革稅制，並獲得成功。

借錢

陷入財政虧損時，必須填補不足的部分。在這樣的情況下，大名會向居住於其領國的富商或富農借錢。

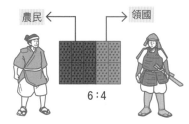

農民 ←　→ 領國

6：4

四公六民

如果徵收過多年貢，很可能引爆農民的怒火。有些領國為了防止這種狀況發生，而將年貢訂為4成，藉此獲取農民的信賴。

德政令

當農民因為持續惡劣的天氣而無法繳納年貢時，會頒布德政令，祭出不必繳納年貢的寬容政策。

戰國FILE

北條早雲的政策簡潔易懂！

北條早雲憑著樸實的四公六民政策，獲得領民壓倒性的支持。還對家臣下達「早睡早起」與「不得說謊」等任何人都容易理解的訓示。

以京都為藍本來打造城鎮，山口成為日本第二繁榮的城市

山口以國際都市之姿蓬勃發展，甚至被稱為「西之京」

京都為戰國時代的首都，人口最多，15世紀末為15萬～18萬人，到了1600年前後則多達30萬人。此外，另有數據指出，當時歐洲人口最多的都市是那不勒斯，共有28萬人，巴黎為22萬人、倫敦20萬人、威尼斯14萬人，而京都足以與之並駕齊驅，可說是世界屈指可數的大都市。

一般認為，日本的總人口早在15世紀以後就超過1000萬人，假設總人口為1000萬人，想必各位可以明白30萬人這個數字有多麼龐大吧。

令人意外的是，山口竟是京都以外人口最多的都市。於1550年前後走訪山口的基督教傳教士方濟・沙勿略，留下紀錄寫道：山口住家戶數超過1萬戶（與沙勿略一同訪日的托雷斯則描述為2萬戶）。推估總人口約

為6萬人。此外，也有人說1600年時的人口約為8萬人。以世界整體人口來看，佛羅倫斯7萬人、阿姆斯特丹6.5萬人，維也納則為5萬人，山口比這些都市更為繁榮。

山口的繁榮僅次於京都，為長門與周防的守護大名大內氏的所在地。為大內氏奠定基礎的大內弘世於1360年前後將據點移至山口，並以京都為藍本來打造城鎮。結果，國內的京都公家與知識份子、來自海外的明朝與朝鮮等商人，再加上沙勿略等傳教士，都紛紛走訪山口，蓬勃的盛況甚至有了「西之京」的美譽，山口也成為連接九州與京都的交通要塞。順帶一提，於安土桃山時代極其繁榮的博多也是一座大都市，但是1579年時的人口為3萬5000人左右，遠遠不及山口。

人口分布

雖然是烽鼓不息的時代，人口卻爆炸性地增長

不計其數的人們因接連不斷的戰役而死，另一方面，隨著經濟飛躍性地發展，人口仍持續增加。

京都

應仁文明之亂時的京都才4萬人。進入戰國時代以後，人口增加，巔峰期甚至多達30萬人。

山口

山口為連接京都與九州的中繼站，成為戰國時代人口第二多的城市。1550年為6萬人，50年後的1600年增加至8萬人。

堺市

堺市是盛行南蠻貿易的港町都市，繁榮不已。根據天文元年（1532年）的紀錄，推估有6000戶住家。之後仍持續擴增。

宇治山田

較具影響力的寺院或神社周邊稱為門前町，有許多人定居於此。宇治山田即為伊勢神宮所在的門前町，人口估計有3萬人。

財政窘迫的幕府
會針對釀酒業與借貸業課稅

直轄領地的稅收較少，仰賴從其他途徑課來的稅

56頁已經針對戰國大名的收入來源做了說明，而必須賺錢這一點，室町幕府也不例外。幕府的收入來源中，有一筆是從稱為御料所的直轄領地取得的稅收，但是相較於鎌倉幕府，室町幕府的直轄領地極少，稅收也少得可憐。

原因得追溯至南北朝時代。室町幕府附屬於北朝，但是每次發生糾紛就會有人叛離，投入敵對的南朝陣營。由於這樣的事態頻發，室町幕府不得不把直轄領地授予家臣，以鞏固政權的基礎。

為了籌措不足的財源，幕府透過各種形式來課稅，像是道路或港灣的通行稅或入港稅等，但是所得的金額遠遠不足以維持政權。

因此，幕府編製了酒屋役與土倉役2種賦稅。酒屋役是針對釀酒業者，土倉役則是向名為土倉的借貸業者課徵的稅。

當時的釀酒業者還會兼營零售業，不過採購釀酒設備需要充分的資金，是只有富裕之人才能做的生意。室町幕府便想著從有錢人身上榨取稅收。

此外，相當於金融業的土倉當然也很有錢，所以成了課稅的對象。然而，當時的土倉會收取高額的利息，令百姓心懷怨恨，故而屢屢成為被襲擊的對象。這種時候幕府就會頒布無須還債的德政令來救濟百姓，結果使土倉的營運衰退，幕府所得的稅收也跟著減少，以致財政持續惡化。

戰國時代的幕府無力統治諸多大名，在金錢方面也陷入困境，可說是屋漏偏逢連夜雨。

酒屋與土倉

從獲利之處詐取稅收！

隨著時代推移而權威漸失的室町幕府，開始向釀酒業與借貸業課稅，試圖重整財政。

直轄領地 多

直轄領地 少

鎌倉幕府
源賴朝所創建的武家政權。坐擁武藏國、相模國、伊豆國等關東一帶的領地，稅收穩定。此外，從平家沒收的土地也歸為直轄領地。

室町幕府
室町幕府是採行地方分權型政治，而非如鎌倉幕府般的中央集權型政治。權限下放給地方，故而直轄領地不多，政治基礎也不穩。

酒屋　　　　　土倉

酒屋與土倉
室町幕府的直轄領地少而稅收不多，於是開始向釀酒的酒屋與名為土倉的借貸業經營者徵稅。

一揆
身為債務人的農民經常對收取高利息的土倉發動一揆（武裝行動）。室町幕府一直依賴著他們所繳的稅收，故而愈來愈搖搖欲墜。

公家靠著和歌的批改
與古書的抄寫勉強餬口

也有公家因生活困頓 而離開京都

在朝為官的公家給人一種優雅的印象，但是他們的財務狀況可一點也稱不上優雅。

公家是透過擁有的莊園（貴族等的私有地）來獲取收入。然而，為了護衛莊園而雇用的武士勢力漸增，開始有人擅自將莊園占為己有，或是奪取來自莊園的稅收。這樣的行為日文稱為「押領」。

應仁元年（1467年）發生的應仁文明之亂，讓公家苦撐的經濟基礎進一步崩解。位於京都的宅邸大多被燒毀，公家紛紛到宇治或奈良等處避難。即便戰亂漸漸平息後回到了京都，也只能寄住在別人家或寺院裡，抑或買間狹小的屋子來住。

應仁文明之亂也影響到來自莊園的收入。為了確保軍隊的米糧，實施了讓武士拿走一半年貢的「半濟」措施，導致公家的收入減半。此外，戰亂導致治安惡化，因而發生物資無法流通、沒辦法收取年貢的事態。如此一來，公家的收入驟減，也有人生活無以為繼。在朝為官時，服裝等方面的費用高昂，甚至有人因為負擔不起而辭去官職。

在這樣的情況下，部分公家在地方找到了謀生之道，即住在自己擁有的莊園裡，直接經營以確保年貢，也就是選擇以地主身分和領民一起生活的道路，而非以貴族之姿活下去。此外，也有人幫領民做事來賺取收入。

更有甚者，具有文化涵養的公家會抄寫和歌或古書、在送禮用的色紙或短箋上描繪書畫，或是批改和歌等，賺取每日工資。文雅及優雅之姿蕩然無存，只是為了活下去而竭盡全力。

公家的財政

或逃亡、或諂媚，貧困公家的生存樣貌

京都因為應仁文明之亂而遍地焦土，許多公家的生活變得拮据，為了度過每一天而殫精竭慮。

押領

武士會訴諸武力搶奪領地或年貢，藉此日益壯大勢力，而領地被奪的公家這方則日趨貧困。

寄人籬下

住家遭焚毀且土地被奪走的公家，會淪落到寄人籬下。有些是租借寺院的一部分，有些則是輾轉寄居於熟人家。

經營地方的莊園

也有人放棄居住在京都，開始著手經營地方的莊園。雖說是地方，在這種亂世時代仍有被奪走的風險。

兼職

公家在和歌或古書等方面有深厚的造詣，有些人開始活用自身的高度文化涵養來做生意，例如批改和歌或抄寫古書等。

有些大名坐擁銀山
卻無法活用

符合的人 ▷	大名	公家	商人	農民	其他

符合時代 ▷	室町後期	戰國初期	戰國中期	戰國後期	江戶初期

明明擁有足以影響
世界經濟的銀山……

對戰國大名而言，領地內有多少資源是攸關其存亡的頭等大事。然而，即便擁有得天獨厚的資源，如果不能有效地活用，也毫無用武之地。事實上，毛利元就即是如此。

元就是從安藝（現在的廣島縣）郡山的城主開始做起，第一代就不斷竄升，統治山陰與山陽的10個分國。他雖為戰國時代具代表性的大名之一，卻稱不上充分利用了領地的資源。

元就的領地內有座石見銀山。日本的銀是透過與明朝、葡萄牙、荷蘭等國的貿易在全世界流通，也足以對世界經濟造成莫大的影響。這些銀有很大一部分是產自石見銀山。

然而，元就並未善用石見銀山這座世界屈指可數的銀山。他在永祿5年（1562年）2月取得了石見銀山，卻於翌年12月將銀山獻給朝廷與幕府。此外，元就另持有佐東銀山，也拱手讓給了朝廷與幕府。

倘若壟斷銀山，會遭周圍覬覦。獻給朝廷與幕府的話，雖然無利可圖，卻可以降低被外敵盯上的機率。換言之，是為求自保而捨棄了經濟。

順帶一提，不僅是銀山，元就也沒有好好利用瀨戶內海這個物流網絡。當時來自中國與九州的貨物，都是經由瀨戶內海運至近畿與東日本。只要全面掌控這套物流網絡，應該可以削弱近畿以東多位大名的勢力，但是在瀨戶內海上呼風喚雨的，卻是以村上水軍為首的海賊。換言之，元就無法將這群海賊編入統轄之下。倘若他能夠把持銀山與海運，日本的歷史或許會有所不同。

地方經濟	毛利家明明擁有豐富的資源卻白白浪費掉

中國地區的資源豐沛，毛利元就稱霸此地後卻未能加以活用。

田地
中國地區四面八方群山環繞，能開墾為農地的土地並不多。

銀山
毛利元就得到可開採出豐富銀礦的石見銀山。據說他藉此籌措到部分軍費，不過紀錄顯示最後還是將銀山獻給了幕府與朝廷。

村上水軍
瀬戶內海連接著博多與大阪，由村上水軍把持而非毛利元就掌控。

毛利元就控制了廣大的中國地區，但是並無奪取天下之心。可能是因為這個緣故，所以經濟政策較為保守，並未提出任何嶄新的策略。

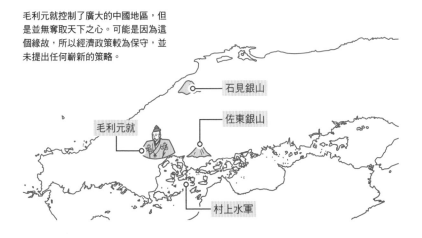

石見銀山

佐東銀山

毛利元就

村上水軍

伊達政宗的祖先
曾揮灑約5億日圓來行賄

符合的人 ▶	大名	公家	商人	農民	其他		符合時代 ▶	室町後期	戰國初期	戰國中期	戰國後期	江戶初期

把大量太刀、馬匹、砂金與金錢贈與幕府多位有權有勢者

儘管室町幕府的勢力因為應仁文明之亂而衰退，戰國大名與地方領主中仍有不少人試圖與幕府締結友好關係。雖說他們的勢力日漸衰微，但是只要攀附其上，仍可沾點幕府的威望。

其中最極端的例子當屬奧州的伊達成宗，他活用了雄厚的財力對幕府揮灑了大筆金錢。成宗於文明15年（1483年）上洛，10月至11月中左右便待在京都，並在該期間四處贈送金錢及種種奢侈品給幕府或寺社的相關人士。

根據流傳下來的紀錄，他贈送了太刀、砂金與馬匹給前代將軍足利義政與第9代將軍足利義尚。送了價值100貫文的錢給在幕府有權有勢的義政之妻日野富子。不僅如此，他還贈送了許多禮物給多位幕府的重要人物，合計29把太刀、95匹馬、7125

克砂金與600貫文錢幣。也有研究者推算，若將其總額換算成現在的金額，很可能高達約5億日圓。除了成宗，還有其他人向室町幕府的權貴送禮，但與成宗送的金額相差懸殊。

此外，對於像成宗這種從地方上京的大名而言，含括家來在內的旅費與住宿費等經費可不容小覷。儘管如此，成宗之所以能夠籌措出一大筆資金，據說是因為坐擁金山而有足夠的收入。

成宗後2代的稙宗時代，伊達家任陸奧國的守護一職，成宗的大撒幣終於有了成果。順帶一提，稙宗即東北霸主伊達政宗的曾祖父。如果天文11年（1542年）沒有爆發稙宗與其子晴宗的內鬥，即所謂的天文之亂，東北的歷史或許會和今日有所不同。

賄賂

出人頭地的祕訣在於大撒幣!?

沒有人收到錢會不高興的。擁有雄厚資金實力的伊達成宗曾到處撒錢，賄賂京都多位重要人物。

太刀

成宗發送多達29把太刀給京都的幾位重要人物。賄賂在這個時代絕非壞事，而是被視為富人的美德。

馬

他還獻上95匹戰場上不可或缺的馬匹。奧州以名馬產地而聞名，所以肯定大受喜愛。

錢幣

不光是刀具、馬匹與砂金等貢品，連現金也送得很勤。

砂金

奧州以中尊寺金色堂等平泉黃金文化為人所知。成宗的時代也淘取了大量砂金，並送出7125克來行賄。

戰國FILE

向中央展現實力的
第12代當家：伊達成宗

伊達成宗曾上洛，並向京都多位重要人物進獻大量貢品。據說其壓倒性的經濟實力背後，不光有金山與馬匹，還透過與蝦夷地等北方人交易來謀利。

有些武士為了脫離貧困的生活而發明了工藝品

符合的人 ▷	大名	公家	商人	農民	其他

符合時代 ▷	室町後期	戰國初期	戰國中期	戰國後期	江戶初期

製作工藝品來販售
還順道收集情報？

正如56頁所介紹的，戰國大名的收入來源含括稅收、買賣、貿易、戰爭上的掠奪、禮錢等，但如果失去這些收入，該如何是好？換作現代人的話，在沒了本業收入的情況下，應該會從事副業（兼職）吧？事實上，戰國大名中也有人投入副業（兼職）。

真田繩，是現在還有在賣的一種工藝品。這是一種以細經線與粗緯線交織而成的扁繩，據說是世界上最窄的織物。特色在於結實不易鬆弛、能夠重複打結使用，很適合用來作為木箱的箱繩。

相傳這種真田繩是真田信繁（幸村）與其父昌幸所發明，還留下這麼一則傳說：這對父子在關原之戰後被幽禁在和歌山縣的九度山，便是在當時一起編製出此繩結。另外，相傳信繁等人讓家臣以「真田製強韌繩結」為宣傳口號，四處叫賣真田繩，同時收集情報。倘若此事屬實，那麼可以解釋為真田家面臨任何處境都未曾懈怠，一直為東山再起做準備，故可視為戰國大名特有的美談。

然而，另有一種說法認為，真田父子是因為經濟上窮困潦倒，無奈之下才構思出真田繩來謀生。堂堂戰國大名，卻被逼到走投無路而必須父子一起編製織物。他們為了突破這樣的絕境所採取的策略，便是以編製織物作為副業（兼職）。

順帶一提，真田父子並非唯一從事副業（兼職）的大名。據說四國的霸主長宗我部元親的四子盛親，曾經在寺子屋（私塾）任教，也就是由大名來教導孩子讀書寫字。

副業

陷入財政困難的武家，製作獨家產品強勢回歸!?

武士生存在一個弱肉強食的世界，戰敗就免不了沒落。但也有人跌倒爬起仍不忘抓把沙。

真田繩

真田繩

在織布機上以紗線織成的結實繩結。用來綁裝茶具的桐箱或作為刀的下緒等。一般認為是真田昌幸與信繁（幸村）父子發明的。

重建財政

據說遭幽禁的真田父子經濟狀況嚴峻，因此試圖透過販售真田繩來穩定財務。

銷售是家來的工作

真田父子負責製造，販售則是家臣的工作。家來會帶著真田繩四處兜售，順便收集情報。

牢人

戰敗的武士會失去收入。這些人即稱為牢人，會靠打工維生。

家臣之間土地買賣被禁止，但私下交易不斷

即便嚴禁買賣領地，仍在不被發現的情況下交易

戰國大名會賜予領地（即土地）給家臣，以作為獎賞，但是家臣之間會互相買賣，成了大名的煩惱來源。

或許有人會認為，既然不是把領地賣給其他大名的家臣，而是跟隨同一位大名的家臣之間互相買賣，應該不是什麼大問題吧？但是其中還關係到軍役問題。

軍役是主君加諸於武士的一種軍事上的負擔，會依領地的石高而異，石高愈多者，軍役負擔也愈大。

比方說，每一石要準備1匹馬、2支步槍與1張弓，家臣有義務備妥規定的數量以備作戰之需。如果家臣A把所有的領地賣給家臣B，家臣A或許可就此免去軍役負擔，但是家臣B的軍役負擔則會增加。此外，每次買賣都必須修改帳簿，導致大名的文書工作變得繁雜。甚至還有一個弊病是，無法隨心所欲地編制軍隊，而這點在戰略上極為重要。

為了避免這樣的事態發生，人名對家臣的領地買賣設定了限制。各個大名所規定的內容不盡相同，有些大名連領地的抵押都加以禁止，像是阿波的三好氏；反之，也有些戰國大名完全不禁止買賣，像是土佐的長宗我部氏。據說還有領主不但允許領地的買賣，還利用這點將領地強行賣給家臣。然而，不允許無限制買賣領地的大名占多數。儘管如此，一般認為還是有些家臣會分次少量地買賣領地，以免被大名察覺。不惜破壞主君的規定也要買賣領地，想必此事對家臣而言有著無限的吸引力吧。

領地的買賣

有些家臣會擅自買賣領主賜予的土地

戰國大名作為賞賜所賜予的土地是不允許擅自買賣的，但是在戰國時代仍相當盛行。

領地 少

領地 多

軍役取決於土地的大小

戰爭爆發時，家臣的軍役是根據領地大小來決定集結的士兵數。因此，如果在領主不知情的情況下進行買賣，戰略的編制上就會出問題。

禁止買賣

阿波的三好氏全面禁止領地的買賣。對生活拮据的武士而言，禁止買賣是很沉重的打擊。

煩惱之源

許多國家的家臣都會互相買賣領土，完全禁止買賣的大名並不多。

分次少量地買賣

即便禁止買賣領地，還是會有人私下交易。在需要錢的情況下，也只能違反大名制定的規矩了。

樂市樂座的經濟政策
並非織田信長想出來的

放寬市場的限制
並非信長專屬的政策

談論到信長時，大多會一併提及樂市樂座，但實際上除了信長之外，也有其他大名推行樂市樂座，信長並非此制度的先行者。

最初推行樂市樂座的是哪位大名尚不得而知，但是最早留下紀錄的是近江的六角定賴。定賴是觀音寺城的城主，天文18年（1549年）於觀音寺城城下舉辦了樂市樂座。

除此之外，今川氏真、北條氏政等人都有留下舉辦樂市樂座、樂市、樂座的紀錄。

換言之，樂市樂座既非信長的發明，亦非其獨家專利。儘管如此，大家還是常常將兩者放在一起討論，這是因為信長所辦的樂市樂座規模龐大，帶來的影響廣及全日本。

樂市樂座中的商品會以低於既有市或座的價格流通。在京都因商人強烈反彈而行不通，但是在加納、安土與金森等地皆舉辦了樂市樂座。結果為京都在內的各地市場與物流帶來改革。

話雖如此，針對市場放寬限制且免除課稅，導致以京都為中心活躍的商人公會「座」被迫解散。反之，城下町則一片欣欣向榮，戰國大名的御用商人們開始大展身手。他們獲得新的市場支配權，有經商才幹的人財富日益增加，以至於有了富商之稱。

然而，樂市樂座對戰國大名而言也是好處多多。如果市場活絡起來，不僅物資的流通會變得頻繁，還會有大量人口流入領國之內。換言之，這意味著鄰近諸國的人口會減少，亦可削弱其力量。如此一來，更加鞏固商人與戰國大名之間的關係。

允許自由買賣使經濟急速成長

樂市樂座

在「座」的制度中，沒有掌權者的許可就不能做生意。戰國大名崛起後，開始出現廢除座的趨勢。

樂市樂座
相對於壟斷買賣的座，樂市樂座放寬了規定而呈現自由狀態。領地內商人雲集。

掌控新支配權的商人
雖然放寬了規定，卻強化了與大名關係密切的御用商人的支配權。

這不是信長
獨有的政策！

今川氏真　六角定賴　北條氏政

信長是最著名的樂市樂座推行者，不過今川氏、六角氏與北條氏都有頒布樂市令。

| 符合的人 ▷ | 大名 | 公家 | 商人 | 農民 | 其他 | 符合時代 ▷ | 室町後期 | 戰國初期 | 戰國中期 | 戰國後期 | 江戶初期 |

築城工人皆為無酬勞動，還得自備工具

對大名而言，土地開發關乎經濟上的利益。比方說，把未開墾的土地或荒地闢為田地，即可向在該處耕地的農民徵稅。只要打造出城下町，人們於該處定居、經商並繳稅，國家就會漸漸繁榮起來。開墾土地或打造城下町的獲益者不僅限於大名，對開發者也有莫大的好處。

北條氏照於天正10年（1582年）讓宮谷眾遷至自己領地內的武藏國立川（今東京都立川市）定居。所謂的宮谷眾，是指昔日的武田氏家臣。當時，武田氏與織田信長交戰落敗而滅亡，氏照命令宮谷眾開發荒地，並允許他們將那些土地納為己有。不僅如此，他甚至承諾只要建造驛站就免除該處的稅收，對宮谷眾庇護有加。如此一來，許多人都很樂意移居，宮谷眾所推動的土地開發也得以順利進行下去。

順帶一提，對大名而言，築城是土地開發中最重要的一環。日本的城堡遺跡多達約3萬～4萬座，這些都是建於14世紀上半葉至17世紀上半葉。換言之，戰國時代打造了大量的城堡。

築城所費不貲，不過築城及維護的經費會依規模而有所不同。此外，也有一些案例是將荒廢不用的城堡加以整頓再利用，不必從頭開始建造新城。既然是重新利用，自然可降低費用。

有別於現代建設，築城的人工費用十分低廉。築城的工人稱為普請役，由家臣與農民擔任，基本上是無酬效力，普請役所使用的工具都是他們各自準備帶去的。打造城下町時，建築物也是由居住者負責建造並負擔建設費用。

築城是土地開發中不可欠缺的一環

築城

城堡是領國的防禦設施，同時也是經濟中心區。只要建了城堡，就會有大量人潮來來往往。

普請

不僅限於建城，修繕與改裝亦稱為普請。對當地居民而言，參加普請乃天經地義之事。

工具各自準備

按規定，鋤頭等普請時所需要的工具必須各自準備帶去。協助普請為期數天至數十天不等。

基本上是無酬的

農民獲得耕作的權利，便有義務履行無酬的普請以作為回報。有些會發工資，不過基本上是沒有報酬的。

城下町的費用是由居住者負擔

建設城堡或城下町需要大量人力。當地居民理所當然地積極協助普請作業，還要負擔自己住家的費用。

為了國內經濟的運作
而強制家臣住在城下町

符合的人 ▷	**大名**	公家	**商人**	**農民**	**其他**

符合時代 ▷	室町後期	戰國初期	**戰國中期**	**戰國後期**	**江戶初期**

活絡城下町的經濟，
以便取得所需的貨幣

　　城下町有各式各樣的人居住著，由大名負責規劃與調整，決定道路要通過何處等，即所謂的「町區劃」。換言之，大名是城鎮建設的主導者。

　　對戰國大名而言，城下町的規模愈大，愈可為自己的國家帶來活力。為此，如78頁所介紹的，也有大名擬出免稅等充滿魅力的條件來吸引新的居民。在大名之間競爭激烈的戰國時代，似乎很盛行這種延攬戰。

　　只要城下町繁榮而經濟活躍，貨幣就會流入自己的國家。從鎌倉時代後期開始，日本的貨幣流通變得頻繁起來，但市面上流通的是在中國鑄造的永樂通寶等中國貨幣。日本國內並未鑄造貨幣，而是使用進口的中國錢幣。永樂通寶是明朝鑄造的，但是比明朝更早的宋朝貨幣「宋錢」也在日本廣泛流通。

　　大名需要錢幣來購買武器與軍糧等物資，卻無法發行貨幣，因此有些會實施貫高制（以名為「貫」的貨幣來表示土地收穫量的制度），要求以錢幣的形式來繳稅，稱為「錢納」，農民會賣掉農作物等來換取錢幣。

　　除了錢納以外，另一種籌集錢幣的手段是在自己國內建立一套貨幣流通的機制。為此，只能打造一個商業繁榮的城下町。

　　此外，大名的家臣會集中住在城下町，這點對經濟發展而言也是重要關鍵。家臣就此成為消費者，他們的購物需求會帶動城下町的物流發展，連帶著讓城鎮壯大起來。

打造城鎮

打造城鎮是商業與經濟發展中最重要的一環

城下町中不光是武士，也有商人與眾多職人的屋敷林立。城鎮是在大名的主導下建造而成。

町區劃

不僅限於街道與水路，連町民、商人與武士居住的屋敷都加以規劃調整。這些事是由身為領主的大名全權處理。

廢除關所

廢除鄰近的關所，以便讓更多人進入城下町。雖然短期內稅收會減少，卻能促進經濟的流通。

建造家臣的屋敷

於城下町內建造家臣的屋敷，藉此擴大內需。此外，讓家臣住在城池附近，也有助於城池的防禦工作。

曾有大名太需要錢
而對無罪之人課以罰金

符合的人 ▷	**大名**	公家	商人	**農民**	其他		符合時代 ▷	**室町後期**	**戰國初期**	**戰國中期**	戰國後期	江戶初期

向領民收取罰金，以便緩解稅收的不足

在中世紀與近代的日本，對於犯下過失或怠忽職守等較輕罪行的人，會以罰錢作為懲處，此罰款稱為過料錢，換言之，即罰金。例如江戶時代對賭博的主要刑罰即是課處過料錢。

既然是刑罰，沒犯罪的人就不必繳交過料錢。然而，曾經有戰國大名像收稅金般向所有領民收取過料錢。此人便是甲斐（今山梨縣）的武田信玄。信玄原本就苦於稅收不足而增稅，甚至曾經提前徵稅。儘管如此，仍無法緩解稅收不足的問題，他所採取的解決之策便是向所有領民徵收過料錢。

在此之前，在信玄的統治下，會要求打架的町民或農民等繳交過料錢，不過後來連沒有犯罪的人都課收過料錢。據說信玄為了籌措進攻信濃的費用，天文年間曾徵收了3次過料錢，也有無數人因為難以負荷這樣的重擔而逃走。

信玄課徵這麼重的稅，背後原因在於甲斐缺乏豐饒的土地，又深受大雨或風暴等災害所苦。在這樣的情況下還要籌措戰事費用，故而向民眾課徵重稅。

信玄也很依賴關錢，即關所徵收的通行稅。相對地，織田信長認為關所與關錢會對物資流通造成阻礙，於是廢除許多關所，並且免除關錢。信長藉此讓商業有了急速成長，信玄則只著眼於近期的稅收。

此種課重稅的趨勢並非始於信玄這一代，信玄的父親信虎也曾大舉增稅。信玄雖然驅逐了信虎，在稅政方面卻和信虎走上了同一條道路。

甲斐的重稅

竭盡所能地壓榨領民！

武田信玄被譽為名將，卻向領民課徵重稅，身為一位經營者，是個沒血沒淚的冷血之人。

棟別錢

以棟為單位，按戶課徵的租稅。武田信玄治理下的甲斐，稅收比鄰國北條氏所治理的伊豆高出4倍之多。

過料錢

過料錢原本是針對犯罪者的罰金，但是武田信玄也向無罪之人課稅。據說領地內的人們對此大為不解。

關錢

經過關所時所繳納的稅。這個時代已有廢除關錢的趨勢，武田信玄採取的政策卻反其道而行。

磔刑

有時會對未繳納稅金者處以磔刑。領民不僅飽受重稅之苦，還要承受恐懼的折磨。

有些是戰爭中所需的臨時稅收

在戰國時代，全國各地都會徵收類似的租稅。接下來將逐一詳細介紹有哪些稅收。

矢錢

於戰事爆發時徵收的臨時稅。繳納的稅款各異，在農村是依據田地大小，在城鎮則取決於住家大小等。

有德錢

主要針對富裕階層徵收的臨時稅。稅款並未統一，有些情況下，富裕階層中還分成上中下3個等級。

地子錢

針對町民課徵的稅。繳納的稅款會依住家正面的寬度而異。為了讓城鎮繁榮起來，經常免除這種稅或減稅。

---

column

關所的歷史悠久，始於飛鳥時代

大化 2 年（646 年）即有關所的存在，設置於京畿周邊。此時尚無關錢制度。似乎只是作為一種防禦系統來檢查通行人。

課稅②

除了戰爭以外，築城與治水等也都需要錢！

不光戰爭必須透過稅收來籌措費用，經營一個國家所需要的稅還有很多種類。

私段錢

針對農民課徵的臨時稅。所謂的段，是表示農地大小的單位，段愈大者必須繳愈多稅。

公事

農民如果有從事特產品或雜糧的生產，除了年貢之外，還必須另外繳稅。此外，以人夫（體力勞動者）身分進行的勞動也稱為公事。

陣夫役

戰國時代的農民在交戰時期會被迫以士兵的身分參戰。另外，有些人不是作為士兵，而是負責運送糧食與貨物的任務。

傳馬役

這個時代到處都有設置轉乘馬匹的驛站，稱為宿駅。以傳馬役（馬夫）身分在這些宿駅工作，也是稅的一種。

連帶責任！逃跑村民的稅金
須由其餘村民代為負擔

即便無法負荷重稅而逃走，還是會被追討回來

如上一章節所介紹的，武田信玄會對自己國家的百姓課徵重稅。他因為打造名為信玄堤的堤防等來守護農地免於水害而聞名，給人一種勤政愛民的印象，但實際上是一名相當嚴厲的領主。

其中一例即被稱為棟別錢的稅賦。這種稅以棟為單位，按戶徵收，是信玄之父信虎導入並在領國境內全面實施的。

對於徵稅方的戰國大名而言，棟別錢的好處在於每年都能獲得固定的稅收。若以農作物收成量按一定比例作為稅賦來繳納的形式，遇到收成不佳或歉收之年，稅收就會下降。尤其是土地貧瘠的甲斐地區，若以農地作為徵稅基礎，便無法獲得穩定的稅收。針對住家或家庭課稅的棟別錢一舉解決了這樣的問題。實施棟別錢後，即便是收成不佳的歉收之年仍可徵收到一樣的稅。對於身為大名的武田氏來說是好事一椿，但是對於歉收之年也得繳納固定稅金的農民而言，可說是極其嚴苛的稅賦。

此外，棟別錢會平均分攤至整個村莊，村裡若有人無法繳納，則會下令由全村補足不足的部分。即使家中成員死亡、逃亡，或住家已空無一人，仍無法免除棟別錢，連那些空屋的棟別錢也必須由村莊負擔。

信玄為了統治國家而制定的法律中如此寫道：「如有人未繳納棟別錢即逃至別村，務必追繳。」即便逃到別的村莊，也逃不過稅賦的追討。

催繳

未繳納稅金者，追討至天涯海角！

無論是戰國時代還是現代，逃稅都是犯罪。未繳稅的違法者會
遭到追討。

連帶責任

如果有人沒繳交棟別錢、逃離村莊，同鄉的
人必須填補缺額。只因為是同鄉，就要代為
負擔固定資產稅。

催繳

即便逃到別的村莊，有時也會被追討。如果
逃得不夠遠，肯定會被逮捕。

一律沒有減免

即便發生大飢荒，棟別錢始終都是固定資產
稅。據說即便減免了年貢，也不會減免棟別
錢。

寺社享有優惠待遇

對農民採行嚴苛的稅制政策，卻提供寺社優
惠待遇。不僅放寬其租稅，有時還會捐錢。

進出關所時，
不只針對人，連馬都要課稅

符合的人 ▷	大名	公家	**商人**	農民	**其他**	符合時代 ▷	**室町後期**	**戰國初期**	**戰國中期**	戰國後期	江戶初期

連馬與貨物都要付通行費，妨礙了物流的發展

關所皆設置於國境等交通要道，檢查通過該處的人與貨物。於飛鳥時代便已制度化，也有作為防禦據點以防止入侵的意義，但是鎌倉時代以後，成了必須繳納關錢才能通過的地方，是具有重大經濟意義的設施。每次經過都要收錢，可說是妨礙商業與物流發展的最主要因素，但是戰國時代的關所數量多不勝數。

當時的莊園遍布各地，身為地主的公家、武家、寺社與豪族等都打造了關所，因此關所無處不在。

通過關所時，連牛馬與貨物都要收通行費。商人若要用馬匹運載貨物要花不少錢，致使運送物品數量減少，商品的價格也隨之提高。

如同前述，打造關所來收取關錢的，是該地的豪族等。如果是大名打造的關所，關錢就會進入大名的財庫，但是大部分的關所並非如此。再加上豪族以關錢為收入來源而增添了勢力，因此許多大名都考慮廢除關所。然而，豪族不願意放棄這項重要的收入來源，所以關所遲遲難以廢除。

相對於此，織田信長每次擴大領地後，都會不容分說地撤除關所。

撤除關所不光商人滿意，民眾也樂見其成。因為關所會導致運送物品數量減少而使物價提高，只要廢除關所，便能推動物流而讓物價下降，生活便得以安定。

信長透過樂市樂座破壞了商人一直以來的既得權益，又透過廢除關所與關錢，破壞了豪族等權勢者的既得權益。

關所

根本不具防禦據點的意義！

戰國時代處處設有關所。每次經過都要繳錢，阻礙國內商業與物流的發展。

有380個關所

從淀川河口到京都之間相距數十公里，據說途中設有380個關所。若沒有減免等措施，應該很難進入京都。

由豪族設置

當地有權有勢的豪族會擅自建造關所來徵稅。此外，幕府與寺社等，也會為了中飽私囊而建造關所。

連馬匹與貨物都要課稅

若是較大的貨物或有好幾匹馬，徵收的關稅就會暴增，據說因此導致物品流通量下降而使物價上升。

符合的人 ▷	**大名**	公家	商人	**農民**	其他

符合時代 ▷	室町後期	**戰國初期**	**戰國中期**	戰國後期	江戶初期

為了確保免遭掠奪，町民得支付大量金錢

戰事一起，戰場上理所當然會出現掠奪行為，即所謂的亂取。正如56頁所解說的，戰爭中的掠奪是戰國大名的收入來源之一。

戰場上的城鎮或寺社會試圖取得禁制以免遭掠奪。所謂的禁制，是指幕府或大名等掌權者下令禁止掠奪。倘若有人在下達禁制的情況下進行掠奪，就會遭到懲處。

寺社或城鎮只要取得禁制的文書，即獲得掌權者「不得進行掠奪」的保證，藉此守護自己的財產。最初利用禁制的是寺社，但戰國時代出現具備經濟實力的町民後，城鎮也開始要求禁制。

當然，天下沒有白吃的午餐，取得禁制的價格十分高昂，對戰國大名而言是利益豐厚的收入來源。

此外，也有一些武將會主動索取錢財來換取不掠奪的保證。織田信長於永祿11年（1568年）上洛之際，從奈良徵收了1000貫目的判錢，並向堺市索要2萬貫文的矢錢。判錢是要求受保護的領民上繳，矢錢則是以資助軍費的名義索取。若按現在的價格計算，2萬貫文價值約16億日圓，堺市也一度拒絕其要求，並加強守備來防禦織田軍。然而，信長曾經對未支付判錢或矢錢的城鎮發動攻擊，所以堺市最終應該還是支付了矢錢。

順帶一提，只要支付了判錢或矢錢，就會獲得一塊名為防禦御札的立牌。只要有這塊護身牌，就不會有武士胡作非為。然而，也有一些軍隊不顧已經發行的防禦御札，仍三番兩次索取錢財。據說嚴守承諾的唯有信長一人。

禁制・防禦御札

不攻擊的條件是……把錢交出來!?

一旦打了敗仗，戰勝國就會堂而皇之地展開掠奪。然而，只要繳錢就有可能阻止他們。

只要支付矢錢……

戰勝國會闖進村莊，不僅搶奪財物，還會強搶女子與孩童，這種事在戰國時期早已見怪不怪。可透過繳交矢錢來阻止這種行為。

有了這塊立牌就安心啦！

防禦御札

繳交高昂的矢錢就可以取得御札。一般認為，比被攻擊或被掠奪來得划算。

擴大軍事

戰勝國發行防禦御札所獲得的矢錢收入，會比進行掠奪更具正面的經濟效益。以那些錢來擴充軍備，強國就會變得更加強大。

如果不按要求付錢……

如果不按要求支付矢錢，村莊就會遭受攻擊而淪為人間煉獄。還真的是花錢消災呢！

推行大膽的減稅政策，
讓領內的人們活躍起來

符合的人 ▷ | **大名** | 公家 | **商人** | **農民** | **其他** |

符合時代 ▷ | 室町後期 | **戰國初期** | **戰國中期** | **戰國後期** | 江戶初期 |

◉ 樸實的納稅系統與收成約3成的低年貢

戰國時代的土地經常遭武力強行奪走。在反覆互相爭來搶去的過程中，很多土地的權利關係變得不甚明確，分不清領地究竟歸誰所有。

這便造成一種局面：農民向擁有土地的多名領主繳納雙倍年貢。此外，即便權利關係明確，仍有人繳交雙倍的稅。擁有土地的領主與實際治理土地的代官都要求年貢，這種情況頻頻發生。

這麼一來，飽受重稅之苦的農民就會逃到領國外，該國也會因為收不到稅而經濟疲弊，以致勢力逐漸衰退。戰國大名織田信長就是為了避免這樣的事態而進行大幅減稅。

信長在天正10年（1582年）頒布的命令書中也有規定：「除了年貢以外，不得向農民收取過高的稅賦。」如同前述，有些農民被迫繳納雙倍的年貢，而信長的命令簡化了原本複雜的制度，就此減少了中間的剝削。

不僅如此，連徵收的年貢本身也設定得比較低。永祿11年（1568年），信長所統治的近江，年貢訂為收成量的3分之1。相較於江戶時代的年貢比例為五公五民或四公六民，收成量的3分之1大約是3成，可見是相當體恤農民的政策。

信長對領民採行仁政的理由之一，是因為他志在成為天下霸主。即便獲得新的領地而擴大自己的國家，倘若苦於重稅的人民屢屢發動一揆（武裝行動，也就是民變），根本無法在這樣的狀態下進攻下一塊領地。唯有好好治理領國，方能逐步擴大領土，進而奪取天下。

信長的仁政

令人聞風喪膽的魔王信長是一名經濟政策天才

織田信長給人既殘忍又粗暴的印象，但是對民眾而言，卻是實行仁政的優秀戰國大名。

減免年貢

信長所統治的近江，年貢只須繳納收成的3分之1即可，其他國家有的甚至高達6～7成，相較之下是相當體恤人民的政策。

撤除關所

著手廢除豪族與寺社勢力的收入來源：關所。往來的人們變多而物流量增加，促進了經濟的發展。

防止徵收過高的賦稅

進行檢地等，簡化了一直以來錯綜複雜的土地權利，防止收取2倍或3倍的年貢。

戰國FILE

信長還是很可怕的!?
對違抗者毫不留情

那些一直以來透過關所或奪取年貢等，而過得無比快活的豪族當中，有不少人對信長的政策有所不滿。每當有人違抗自己的政策，信長就會毫不留情地命其切腹。

統一「木枡」的大小
以確保公平課稅

符合的人 ▷	**大名**	公家	**商人**	**農民**	其他		符合時代 ▷	室町 後期	**戰國 初期**	**戰國 中期**	戰國 後期	江戶 初期

使用同樣大小的木枡，便可與遠地進行交易

織田信長的經濟政策是推行樂市樂座、廢除關所與關錢，藉此讓商業得以發展，他所實施的政策中，還有一項是統一木枡。

「枡」主要是測量食物的工具，比如米或麥等穀物、酒或油等液體，自古使用至今。從奈良時代的平城京遺跡中也有發現木製的枡，木枡有1300年左右的歷史。然而，長久以來，木枡的大小並未統一，容量因地區或年代而異，因此某國一枡的米量與另一國一枡的米量並不相同。

這樣一來便無法在國與國之間進行買賣。儘管樂市樂座讓各地的商業繁榮起來，又少了關所與關錢的限制，使商人得以前往遠地，但是木枡的大小各異，讓不同地區之間的交易窒礙難行。隨著物流的發展，商業交易日漸活絡，開始有人提出統一木枡的需求。

織田信長是在上洛去了京都的隔年，即永祿12年（1569年）統一了木枡的大小。他選擇十合枡作為統一的枡，這是京都最常使用的枡，因此稱為「京枡」。

統一木枡也有杜絕年貢舞弊問題的效果。曾有些代官在收取年貢時會使用大的枡，上繳給領主時卻改用小的枡，私吞這之間的差值。

就像統一天下大業一樣，由信長開啟的枡的統一，被豐臣秀吉與德川家康承繼下來。秀吉透過太閣檢地調查了全國農地的收成量，當時便是採用京枡作為全國共通的枡。德川時代還同時使用一種名為「江戶枡」的枡，到了1669年以後才只用京枡，一直用到昭和30年代前後。

京枡

讓私吞橫行的年貢米徵收變得平等！

枡的容量各異，織田信長統一其規格後，杜絕了貪汙的現象，也消除人們的不滿。

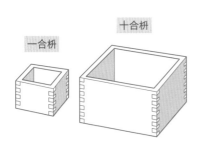

十合枡

一合枡

枡

織田信長在領國內採用將10合算作1升的「十合枡」。此規格漸漸廣泛適用於京畿一帶。

在此之前私吞猖獗

全國各地的枡大小各異，不滿1升卻算作1升，這類不公平的現象經常可以看見。

織田信長

武田信玄

獨樹一格的規格

武田信玄打造了獨樹一格的規格，名為「甲州枡」，俗稱為國枡，又稱為信玄枡。

戰國FILE

昭和30年代以後，枡的下場為何!?

京枡一直使用至昭和30年代左右。昭和41年（1966年）實施公制以後便不再使用。表示長度的尺改為公尺，表示重量的升則改為公斤。

金與銀直到戰國時代
才成為貨幣

| 符合的人 ▷ | 大名 | 公家 | 商人 | 農民 | 其他 |

| 符合時代 ▷ | 室町後期 | 戰國初期 | 戰國中期 | 戰國後期 | 江戶初期 |

◎ 使用金銀貨幣
對經濟產生正面效益

飛鳥時代的和銅元年（708年）打造出和同開珎，據說是日本最早的流通貨幣，但從此往後有很長一段期間，日本都未能製造貨幣，是以宋錢或明錢等自中國進口的錢幣作為國內的貨幣來使用。

由於日本長期仰賴進口的貨幣，一旦貿易停滯，貨幣量就會減少，造成日本國內的錢幣短缺。錢幣數量少而使幣值上漲，物價便相對下跌，陷入所謂的通貨緊縮狀態。

在使用金與銀作為貨幣以後，這種通貨緊縮的情況獲得了改善。當然，金與銀本身即為貴重物品而具有價值，但在這之前並未作為貨幣來使用。

使用金與銀的貨幣還有其他好處。從中國進口的錢幣是銅錢，價值低於金與銀，因此購買高額物品時，必須攜帶大量的銅錢；但若以金銀支付，所需量會比銅錢少得多，所以到遠地做生意會輕鬆許多。金銀貨幣的登場，對商業的發展也有莫大貢獻。

豐臣秀吉於天正15年（1587年）開始打造金幣與銀幣，並於翌年命人打造出世界最大等級的金幣，即長17.5cm、寬10.2cm的天正長大判。然而，秀吉的金幣與銀幣主要是作為賞賜來發送，並未廣泛流通於世。

雖然至今尚未發現，但一般認為織田信長也打造過金幣與銀幣。這是因為他曾在永祿12年（1569年）訂立法規，要求在高額商品的賣賣中使用金銀貨幣。信長會強制收購茶器與繪畫而被稱為「名物狩」，據信，在其開始這種名物狩的行為以後，金銀才開始作為貨幣來使用。

戰國時代的貨幣經濟十分發達！

貨幣

早在飛鳥時代就有貨幣，其主要材料為銅。到了中世紀時代才出現金銀貨幣。

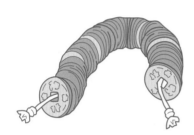

銅錢
在中國，以銅為材料來鑄造貨幣的技術自古就十分發達。日本受其影響，也是以銅錢為主流貨幣。

採掘
隨著金山與銀山的採掘技術提升，金與銀的流通急遽增加。日本也是在這個時期被譽為「黃金之國：吉龐」（馬可波羅《東方見聞錄》稱日本為Zipangu），受到世界矚目。

鑄造
日本欠缺鑄造技術，歷經漫長時代都不得不仰賴中國的進口。在信長與秀吉登場後，鑄造技術才開始發達。

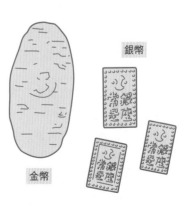

銀幣

金幣

金幣與銀幣是從江戶時代才開始正式流通。在戰國時代只用於贈送，作為一種賞賜。

支付100文的入城費
即可進入絢爛豪華的安土城

符合的人 ▷	大名	公家	商人	農民	其他		符合時代 ▷	室町後期	戰國初期	戰國中期	戰國後期	江戶初期

盛大舉辦各種活動，吸引大量人群匯集

織田信長擴張領土後，於天正4年（1576年）開始建造安土城，作為經營領國的中心地。所在地接近琵琶湖，無論通往東西南北哪個方向都很方便，對於統一天下之日近在眼前的信長而言，此處地理位置絕佳。戰國時代的城堡大多是活用山岳地勢而建的山城，而安土城卻有我們所熟悉的天守（當地稱為「天主」）與石垣，成為後來其他時代打造城堡的典型。身為一名經營者，信長頗有先見之明。

豪華絢爛的安土城也發揮了休閒設施般的作用。天正9年（1581年）1月15日，名為「左義長」的新年儀式也是在安土城舉行。左義長是平安時代以來舉辦的火祭，如今以「歲德燒（どんど焼き，Dondoyaki）」之名傳承下來。這是一個祈求無病無災的祭典，據說信長率領身穿繽紛服飾的眾多武將騎著馬出場，在爆竹聲中奔馳而過。

現代有不少地方會為了觀光客而點燈，把城堡照得無比迷人，而安土城當時也點了燈。天正9年（1581年）7月15日，於建在天守與城廓內的摠見寺中吊了大量燈籠，另有手持火炬的馬迴眾乘著船隻漂浮在護城河上，把安土城照得如夢似幻，吸引許多遊客聚集。

翌年甚至對外開放安土城，接受一般民眾拜年。還流傳著一則軼事：信長親自向人們收取以祝錢為名義的入城費100文。當時聚集的人數眾多，以致石垣坍塌而造成傷亡，還因此清點了入場者。

傳教士佛洛伊斯曾寫道：「信長試圖把自己擬為神，讓人們到安土城來參拜他。」若沒有本能寺之變，信長或許已成為現人神。

入夜後被點亮的安土城

安土城

安土城在信長死後遭縱火而燒毀殆盡。在其生前，此城則如大型遊樂園般熱鬧非凡。

左義長

信長與幾位家來曾騎著馬出現在1月15日小正月的火祭上。
有一則說法指出，信長這麼做是為了與氏神八幡宮例行舉辦的火祭相抗衡。

點燈

盂蘭盆會（現在所說的お盆，Obon，相當於台灣的中元節）期間，位於安土城一隅的攝見寺中，使用了無數燈籠，把現場照得燈火通明。

入城費

正月當天，只要支付100文的入場費，任誰都能進入安土城，而且身為城主的織田信長會親自向人們收錢。

信長強制來訪的商人一律住宿，藉此活絡城下町

符合的人 ▷	大名	公家	**商人**	農民	**其他**

符合時代 ▷	室町後期	戰國初期	**戰國中期**	戰國後期	江戶初期

賦予居民各種優惠，試圖讓經濟蓬勃發展

　　安土城徹底顛覆了戰國時代城堡應有的形態，也為城下町帶來巨大的改變。

　　修築安土城的同時，也開始建設城下町來吸引居民，並為了城鎮的發展而實施樂市樂座。

　　織田信長於天正5年（1577年）頒布的「安土山下町中掟書」中，表述了將如何治理城下町的方針。該掟書共有13條，可以解讀為信長有意將城下町打造成商業與交通的新據點。

　　這13條中，最引人注目的便是「來往此城的商人理應下榻城內」。此內容相當露骨，彷彿說著：「給我在城下町裡消費！」另外一個特色在於不收稅金，免除居民稅與普請等，應該是為了展現安土城城下町是多麼安居樂業、適合居住的地方。

　　此外，這13條的掟書並不限於經濟政策，也有刑法上的規定，例如「因他人縱火而引起火災，不構成犯罪；若是自己點火所致，經查實後予以驅逐」，甚至有「即便租借房子給罪犯或與其同居，不知情者無罪」、「在不知情的情況下誤買贓物，不構成犯罪」等法條。這些內容在在顯示：只要自己無過，就不會被追究責任。

　　信長在其他城鎮也頒布了樂市樂座令，但是相較之下，這份掟書的內容較為充實。當中也有提及居住在城下町的町民的生活，還要求商人務必在此落腳、全國各地的馬匹皆於安土進行買賣等，可見信長即便手段強硬也要發展城鎮的經濟。

安土城下

織田信長對城下町的經營促進了經濟發展

大規模的城下町在絢爛豪華的安土城下擴展開來。信長為了發展經濟而擬出13條規定。

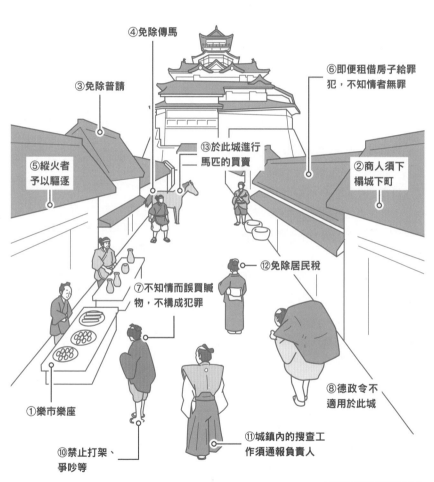

④免除傳馬

③免除普請

⑥即便租借房子給罪犯，不知情者無罪

⑤縱火者予以驅逐

⑬於此城進行馬匹的買賣

②商人須下榻城下町

⑦不知情而誤買贓物，不構成犯罪

⑫免除居民稅

①樂市樂座

⑧德政令不適用於此城

⑪城鎮內的搜查工作須通報負責人

⑩禁止打架、爭吵等

⑨對來自其他國家的人也一視同仁

安土山下町中掟書
內容以樂市樂座、免除稅賦、馬匹買賣等經濟政策為主，也有提及縱火、打架等維持治安相關的規定。

太閣檢地是劃時代的經濟政策，能讓人民準確繳稅

符合的人 ▷ **大名** 公家 商人 **農民** 其他　　符合時代 ▷ 室町後期 戰國初期 **戰國中期** **戰國後期** 江戶初期

指定田地的納稅者，防止沒收到稅

豐臣秀吉所實施的經濟政策中，又以太閣檢地格外著名。所謂的檢地，是指測量並調查田地以便決定年貢等。在秀吉之前的戰國大名也曾進行檢地，不過與太閣檢地有許多相異之處。

戰國大名的檢地大多不是深入田地進行調查，而是要求提交寫有面積等相關資料的帳本。這種方法稱為指出檢地，也有農民會粉飾帳面，偷偷隱瞞實際田地來增加收入並逃稅。再加上大名憂心農民會強烈抵抗，因此也無法強行實施準確的檢地。

相對於此，太閣檢地是在全日本各地進行詳細的實測（日文又稱為「繩入れ（nawaire）」）。這項政策的特色在於，能指定田地的持有者與納稅的耕作者皆為同一人。

在戰國時代，一塊土地有好幾名持有者、分不清耕田者是誰，或是不知道該由誰繳納年貢等，這類事態並不罕見。甚至還有許多武士會仗恃著武力將貴族持有的莊園田地據為己有，然後又有其他武士來搶奪土地。基於這類理由，土地有多名持有者的狀況不在少數。

此外，耕作田地的農民有時會以土地作為借款的抵押而放棄耕作權，或因繳不出年貢而逃離土地。在這樣的情況下，無法釐清誰是耕作者，也就不知該向誰徵收年貢。

太閣檢地確立了土地的所有者和耕種者皆為同一人，防止雙重課稅的同時，也預防收不到稅的事態。

太閣檢地

豐臣秀吉的經濟政策，讓人民準確繳稅

在此之前，測量田地大小的檢定作業都相當馬虎，而豐臣秀吉推行的太閣檢地則極其精準。

太閣檢地

豐臣秀吉還是信長的家臣時，就已經有檢地的實務經驗。信長死後，握有實權的秀吉便進行更準確的檢地來提升稅收。

權利關係的整頓

在此之前，田地的權利關係錯綜複雜。太閣檢地規定一塊土地一名納稅者，整頓了權利關係。

隱田

太閣檢地雖然提高了田地資訊的準確度，卻未能深入至山區。其中也有一些人持有所謂的隱田，即祕密耕作的土地，藉此逃避納稅。

只要在大阪之役加入豐臣陣營，即可獲得大量金銀

符合的人 ▷	大名	公家	商人	**農民**	**其他**	符合時代 ▷	室町後期	戰國初期	戰國中期	**戰國後期**	江戶初期

大阪之役的豐臣軍多是慕錢而來的牢人

德川家透過大阪冬之陣與夏之陣擊潰了豐臣家，而豐臣陣營在這兩場戰役中所依賴的都是慕錢而來的牢人。

所謂的牢人，是指離開主君或失去主君的武士，後稱為浪人。關原之戰以後，其數量急遽增加。這是因為德川家康針對所有依附西軍陣營的大名進行了處刑、改易或減封，據說總數高達40萬人。

豐臣軍在大阪之役中依賴牢人有其原因：雖然向曾欠豐臣家人情的諸多大名請求支援，卻因為顧忌德川而無人響應。因此只能借助牢人之力，而這些人的目的都在於錢財或戰後的仕途，換句話說就是心中各有算計。

這些牢人之中，有些是有組織性的，由相當於首領的牢人統領多名牢人。聚集於豐臣麾下的牢人中也不乏農民。不過有些農民曾是武士，所以只要有打仗的意願即可化為戰力，哪怕是農民，豐臣家也會積極雇用。

豐臣家會把豐臣秀吉所積存的金銀發配給牢人。金額依牢人的身分與能力而異，不過據說每名騎兵會分到黃金與竹流（金幣的一種，用半圓筒狀的鑄造模打造而成）各2枚。其他人則是以名為丁銀的海參狀銀幣等來支付。

此外，牢人中還有人帶著妻兒來參戰，妻兒會住在城下町。聚集至大阪城的大批牢人（牢人眾）名單中，含括了許多傑出之士，例如土佐的領主長宗我部盛親、侍奉黑田家的後藤基次、建造真田丸而讓家康吃盡苦頭的真田信繁（幸村）等人，據說如果是這類曾為大名等級的人，還會為其在城下町中備妥屋敷。

牢人

受到金錢誘惑而前來的牢人們

戰國時代後期，豐臣家與德川家為了爭權而發生激烈衝突。豐臣家釋出積存的金銀來召集兵力。

農民也參戰
加入豐臣陣營即可獲得金幣或銀幣，因此不光是牢人，連農民都蜂擁而至。當然，這些人成不了多大的戰力。

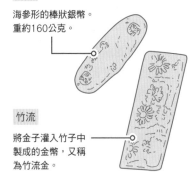

丁銀

海參形的棒狀銀幣。
重約160公克。

竹流

將金子灌入竹子中
製成的金幣，又稱
為竹流金。

前大名的層級會有特別待遇
牢人中也有人具備前大名等經歷，不僅會重金禮聘，還為他們在大阪城的城下町中備好屋敷。連妻兒都住在城下町。

戰國FILE

有人挺身奮戰，
也有人相繼逃走

在大阪夏之陣中，有人像真田信繁（幸村）般英勇奮戰，也有人判斷沒有勝算便棄械而逃。終歸不過是一群烏合之眾。

家康將城池的修築費用強加於大名，藉此削弱其國力

讓大名肩負大規模的建設，並沒收大船以削弱其實力

豐臣秀吉與德川家康成為天下霸主後，皆巧妙地管控著諸多大名。比方說，巧立各種名目對大名施加負擔來削弱其實力，天下普請便是其中一例。

所謂的普請，是指土木工程，而天下普請則是國家級的土木工程。這些事業是為了國家，所以命令諸位大名來執行。

此舉也有間接向大名徵稅的意圖。有些普請是為秀吉與家康修築城堡，所以把原本應由將軍家支出的費用轉由多位大名負擔，要求其出錢出力。這些等同於為將軍家出錢，因此可獲得與徵稅相同的效果。

若以天下普請的名義來建設城池，負責建設的大名就會得知軍事上的重要情報。倘若大名背叛，便可有效攻打城池的弱點。為了避免這樣的風險，改建江戶城時，天守等機密部分交由東日本的譜代大名（早在關原之戰前就已經是德川家家臣的大名）來負責。西日本的大名則負責天守台（建蓋天守的地基）、石垣等。江戶城的建設是歷時逾30年的浩大工程，諸多大名因為參與此事而力量受到壓制。

同樣限制大名勢力的還有江戶幕府頒布的大船建造禁令。此為慶長14年（1609年）所制定的法令，主要是針對西日本的大名。不僅禁止打造500石（意指最多可裝載500石的米）以上的大船，原本持有的船隻也遭沒收。然而，貿易用的朱印船則允許超過500石。畢竟這些規定的目的在於削弱大名的軍事力量，所以將貿易用的船隻排除在外。

天下普請

天下普請實質上跟納稅沒有兩樣！

雖然推動了名為天下普請的公共事業，將軍家的支出卻是零，費用全由大名們代為承擔。

翻修城池

天下普請並不限於建造新城，還會進行城堡的整頓與翻修。成為德川家主要據點的江戶城即屬於後者。

建設橋梁

天下普請也含括橋梁的建設等基礎設施。除了橋梁之外，還會要求大名負責開鑿河道或治水工程。

御手傳普請

江戶城的天下普請並非單純的城池建設工程，而是一項都市計畫事業。涉及範圍甚廣，像是寺社的搬遷、濕地的填埋等。

大船狩

為了削弱大名家的軍事與經濟實力，德川家康不僅沒收了大型船隻，還禁止打造新的大型船。

column ②

織田家與武田家的命運
取決於出身地!?

勝敗的關鍵因素在於山海之別

　　織田信長將號稱戰國最強的武田家逼至滅亡，其勝敗的主要原因可從兩軍出身地的「經濟實力」來進行分析。

　　信長的祖父信定所掌管的津島，位於連接尾張與伊勢之處，為來往船隻眾多的一大物流據點。此島亦為工商業區，尤其是陶器的產量高，成為可觀的收入來源。此外，信長的父親信秀所管轄的知多半島也是經濟價值極高的地區。

　　另一方面，武田軍所在的甲斐地區（今山梨縣）為盆地，土地本來就不肥沃，又是天災不斷的地區。天文9年（1540年）發生重大災害，翌年又陷入飢荒，信玄統治之時，嚴峻的狀況已經持續多時。由此可知，這樣的地區差異，造就兩軍在財力上的懸殊差距。

第三章

經濟戰之守則

說到戰國時代的精華，自然是戰爭。然而，打仗需要各式各樣的物資與金錢。大名們在上戰場之前，做了什麼樣的事前準備呢？本章將針對戰爭與經濟逐一深入探討，像是軍事物資、實際的戰爭經濟效益、戰役的費用等。

軍事成本可觀，
但常備兵以壓倒性的強大戰力著稱

◉ 桶狹間之戰的勝利
該歸功於常備軍

今川義元在桶狹間之戰敗給了織田信長，最主要的原因在於其大本營遭受突襲。義元的想法是，今川這方把持著信長陣營的鳴海城與大高城，想必信長會鎖定這個地區，大高城周邊將成為主戰場。然而，信長卻遠征至離據點清須城較遠的桶狹間。信長的軍隊於永祿3年（1560年）5月19日清晨從清須城出征，在午後突擊今川於桶狹間的大本營。這段距離約50公里，其機動力堪比秀吉的中國大返還。

今川勢力傲慢地認為「怎麼可能攻進大本營」，而信長勢力就讓這種「怎麼可能」化為現實，若要論其非凡的機動力，略去那批訓練有素的士兵就無從談起。

戰國時代的士兵大多為農民兵，平日皆從事農業，所以戰鬥力並不高。然而，信長組了一支專門作戰的士兵，即「常備兵」。這些人被稱為「小姓眾」，相當於年輕的將校，又從中精選出格外驍勇善戰的人，稱作赤母衣眾與黑母衣眾。除了小姓眾之外，據說還組織了長矛組、弓箭組、步槍隊等直屬於大名的旗本部隊。

天文22年（1553年），信長前往正德寺會見其岳父齋藤道三之際，率領了多達800名騎兵的旗本部隊。當時信長才繼承家督不久，卻率領著如此精銳的部隊，想必道三已從其身姿看到身為天下霸主的風采。這支旗本部隊到了後來的桶狹間之戰時，擴增至約1800名騎兵，這些「常備兵」的大顯身手，讓桶狹間的突襲作戰大獲成功。不過，組織「常備兵」需要雄厚的經濟實力，一般認為其收入來自津島湊等海運物流。

常備兵	「迅速、昂貴、強勁」的常備兵

雖然常備兵的工資比農兵高，卻可從平日開始訓練，故較為精良強大，連戰時的動員都較為迅速。

常備兵（足輕）

優點

可訓練

有別於平常務農的農兵，常備兵是專門作戰的部隊，從平日就加以訓練，所以能在戰場上活躍不已。

缺點

成本高昂

常備兵為給薪制，因此建置成本比農兵來得高昂。

農兵

優點

給付扶持作為工資

所謂的「扶持」是指米。一般是配發扶持給農兵作為工資，似乎很少支付金錢上的報酬。

缺點

農忙期間難以動員

若於插秧或收割等農忙時期動員農兵，會導致農作物收穫量減少。

---

column

雖為農兵卻十分強大！長宗我部家的「一領具足」

長宗我部家的軍隊是仰賴半農半兵的士兵，他們平日務農，戰時才拿起武器作戰。據說他們每個人都擁有一領（一副）具足（完整的盔甲），並把鎧甲與武器置於田邊，以便號令下達時能立刻集合。此外，平日的田間勞動亦使其身強體壯，有「不懼生死的民間武士」之稱。

信長打造
可承載800人的巨大船隻

○ 連毛利水軍都聞風喪膽，謎團重重的「鐵甲船」

信長於天正6年（1578年）攻陷大阪本願寺的戰役中，判斷應採取斷糧戰術而封鎖了大阪灣。然而，趕來救援的毛利水軍以火箭與焙烙玉等火器發動攻擊，令織田這方的九鬼水軍吃盡苦頭而落敗。

因此，信長下令製造「燃燒不起來的船」，即所謂的「鐵甲船」。鐵甲船的存在仍備受質疑，不過鐵在當時屬於貴重物品，將其裝設在巨大的船隻上需要龐大的資金。根據傳教士奧根奇諾寫給母國葡萄牙的報告書，有「這艘船上裝設了3座大砲」的記載，不過大砲從何而來尚不得而知。

然而，《信長公記》中有段記載寫道：「將毛利水軍的艦隊引至近處後，再同時砲擊將其炸毀。」由此可見，確實設有大砲。

有資料顯示，當時擁有大砲的是豐後的大友宗麟，他持續打造著小型砲台。宗麟成為基督教信徒後，加深了與傳教士之間的信賴關係，進而獲得大砲的製造技術。那麼，信長又是從何處取得這項技術的呢？

一則說法指出，步槍的製造已經國產化，故將該技術運用來製造大砲。另有一說認為，信長或許是透過完全不同的途徑直接進口大砲，而非與傳教士進行南蠻貿易。除了南蠻船以外，還有明朝與倭寇的船隻從東南亞前來，推測是透過那些商人取得大砲的。

其中詳情大部分蒙上一層神祕的面紗，但是信長讓軍艦與大砲等戰爭中不可或缺的武器製造技術迅速發展起來，這點無庸置疑。

鐵甲船

擁有6艘費用可觀的鐵甲船

在鐵板等生產方式尚未確立的戰國時代，據說信長建造了6艘費時又耗資的鐵甲船。

九鬼水軍的鐵甲船

※插圖為示意圖。

一般推測，鐵甲船的最大承載人數為800人（眾說紛紜）。安宅船的大小僅次於鐵甲船，其最大乘船人數為數十人至數百人不等。如此想來，鐵甲船的規模之大，可見一斑。

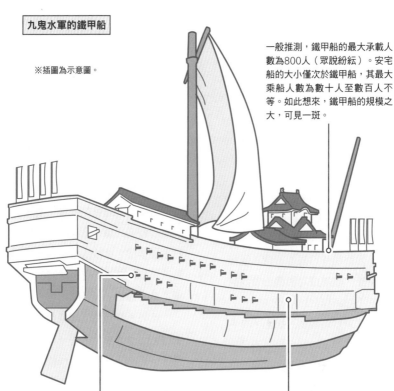

據說鐵甲船上裝載著大砲。戰國時代已經成功量產步槍，但是大砲應該是在後來的時代才登場。儘管如此，的確有紀錄顯示，九鬼水軍利用大砲擊敗了毛利水軍。

在第一次木津川口之戰中，九鬼水軍的所有船隻皆遭毛利水軍所用的火箭與焙烙火矢燒毀，因此他們記取該經驗的教訓，在船體裝設鐵板，打造出「燃燒不起來的船」。

火箭

指讓油滲透箭梢並點火的箭矢。

焙烙火矢

瀨戶內海的海賊村上水軍主要使用的武器，有點類似手榴彈。

113

隨著步槍的國產化，
連螺絲也普及開來

符合的人 ▷	**大名**	公家	商人	農民	**其他**

符合時代 ▷	室町後期	**戰國初期**	戰國中期	戰國後期	江戶初期

在步槍傳入之前，日本尚無螺絲

　　葡萄牙人搭乘的船隻於天文12年（1543年）漂流至種子島，將步槍（火繩槍）傳入日本。島主種子島時堯以2000兩（按現在的價格計算約為2億日圓）購入2把步槍。時堯立即喚來刀鍛造（刀匠），命其進行步槍的量產，雖然成功製造出管狀的槍身，卻不知如何封住槍管底部。

　　於翌年來航的葡萄牙船上，有名製造步槍的技師。時堯命令美濃國出身的刀鍛造八板金兵衛清定學習封住槍管底部的技術。據說金兵衛為了習得這門技術，不惜將女兒若狹嫁給葡萄牙人。

　　這時方得知，封住槍身後方的炮栓部位，是利用外螺紋（螺栓）與內螺紋（螺帽）加以固定。在此之前，部分日式鐘錶使用特殊零件的例子除外，含日本在內的東亞圈中並未出現使用螺絲的工業製品。大多數的製品都是使用楔子。

　　金兵衛習得「螺絲技術」後，迅速推動步槍製造的國產化。隨著訂單的增加，陸續有刀鍛造轉職為步槍鍛造。製造地也從種子島擴大至根來、國友與堺市，並且從暹羅（泰國）購入硬度較高的鐵，量產出命中率高的日本製步槍。據說這些步槍具備能夠擊落飛鳥的高精準度，當時的中國人稱之為「鳥槍」，且聞之色變。

　　此外，當初的火繩槍從扣下板機到發射出子彈為止，有一段時間差，幾位步槍鍛造便開發出一種彈簧狀的裝置，稱為「彈金」，改造成一扣下板機就會射出子彈的款式。揉合西洋技術與日本職人技術的混合式步槍於焉誕生。

火繩槍的構造

少了螺絲就無法造槍

現代很理所當然地使用著螺絲,其技術是隨著步槍一同傳入日本的。

火繩槍的構造

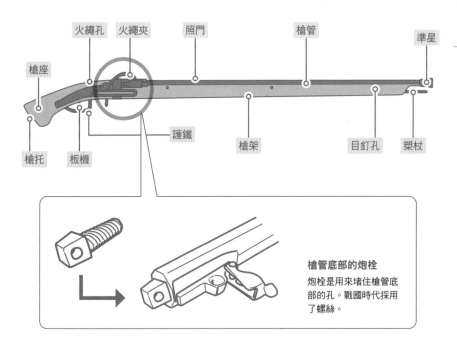

火繩孔　火繩夾　　照門　　　　槍管　　　　　　準星

槍座

護鐵

槍托　　板機　　　　　槍架　　　　目釘孔　槊杖

槍管底部的炮栓
炮栓是用來堵住槍管底部的孔。戰國時代採用了螺絲。

---

column

天下霸主的支柱:國友的步槍鍛造集團

若說到戰國時代的步槍生產地,以堺市與根來等較為著名,與此二者並稱的還有位於近江的國友地區。國友有許多技術高超的鍛造師,自步槍傳至種子島的隔年,便在室町幕府的命令下開始製造步槍。在織田德川聯軍與武田軍交戰的長篠設樂原之戰中,據說織田軍所用的 3000 把步槍,約有 500 把是在國友製造的。其後,國友備受豐臣秀吉的庇護,到了德川政權時則納入幕府的統治之下,迎來巔峰時期。

石見銀山為日本的主要銀山，可謂當時的世界經濟中心

符合的人 ▷	大名	公家	商人	農民	其他 ·	符合時代 ▷	室町後期	戰國初期	戰國中期	戰國後期	江戶初期

石見銀山的產出量占了世界的3分之1

石見銀山（島根縣大田市）於2007年獲聯合國教科文組織列入世界文化遺產，以產出大量白銀著稱，為幾位大名帶來龐大的收入。據說其產量占了當時世界白銀產出量的3分之1，相當可觀。

最初是始於1520年代，博多商人神谷壽禎在乘船前往出雲國的途中，在海上看到閃閃發光的山脈。向船員打聽後得知，那是一座過去產銀而今廢棄的山，神谷抱著姑且一試的心態進行開採，結果挖出大量的白銀。

其後，統治此地區的大內氏進行了大規模開採，來自各國的大批人們聚集至石見銀山，掀起一股非淘金而是淘銀的熱潮。

白銀是當時的國際貨幣。由於提煉技術的改善，得以精煉出純度約100%的白銀，在葡萄牙商人之間享有盛譽，當時稱銀山附近一帶為佐摩村，結果此地產出的白銀在英國與葡萄牙被誤稱為「佐摩銀」，備受珍視。石見銀山產出的高純度白銀，經由貿易流通至世界各地，這些白銀成了博多商人的絕佳交易物件。《朝鮮中宗實錄》中有則記錄寫道：「天文7年（1538年）有一名自稱是少貳氏派來的使節，向朝鮮國王獻上約189公斤的白銀，並要求回報。」另有記載顯示，天文11年（1542年）也有一名自稱是日本國王使節的僧人，名為安心，帶著8萬兩白銀（1.35噸）拜訪朝鮮國王。

由此可以推測，他們能夠準備如此大量的白銀，背後與大內氏或對馬的宗氏有所關連，白銀在當時的日本尚未作為貨幣普及開來，但是在世界市場上是有極高價值的國際貨幣。

灰吹法

加速白銀生產速度的提煉技術

提煉白銀的灰吹法是於天文2年（1533年）經由名為慶壽的僧人傳進日本，掀起白銀熱潮。

灰吹法的流程

①將動物骨頭等所燒成的灰燼放入坩堝中。

②於坩堝四周放置木炭，再將銀礦石與鉛置於灰燼上加熱。

④當銀礦石與鉛受熱熔化相混後，利用風箱送入風，讓鉛與其他雜質氧化。

③讓2根鐵棒跨在坩堝上方，放置木炭，從上方加熱。

⑤氧化的鉛與雜質會逐漸滲入灰燼中（蒸餾）。

⑥鉛與雜質完全滲入灰燼中，僅留下白銀。

※參考甲斐黃金村湯之奧金山博物館HP
(https://www.town.minobu.lg.jp/kinzan/tenji/haihuki.html)

阻斷物流的「荷留」策略 發揮著經濟制裁的作用

符合的人 ▷ **大名** 公家 **商人** 農民 其他　　符合時代 ▷ | 室町後期 | 戰國初期 | 戰國中期 | 戰國後期 | 江戶初期 |

因荷留吃盡苦頭的 武田信玄

所謂的荷留，是指戰國時代封鎖街道等來阻斷物資的流通，目的在於削弱敵國的力量，說起來就是一種經濟封鎖。各地大名都會在自己國內設置役所或關所等，管理人或物的往來。

當時稱為「路次斷絕」或「通路斷絕」，港灣等處又稱為「津留」。結城家的家法《結城家法度》中規定，「米、鹽、馬、木棉」為適用荷留的物資。

若說到因為這種荷留策略而深受其害的大名，當屬武田信玄最為著名。不僅限於軍事物資，武田家是連生活物資都仰賴進口，一旦陸上運輸路線遭到阻斷，國力就會一下子大幅下滑。永祿11年（1568年），今川家與北條家為了對抗駿河侵攻而採行荷留策略，禁止從相模、伊豆與駿河往甲州的武田領地運鹽。鹽在這個時代不僅作為調味料，也會用來保存食材，所以荷留策略對於內陸國家而言，是攸關生死的嚴重事態。

順帶一提，武田家的軍記《甲陽軍鑑》中有這樣的紀錄：「於天文17年（1548年）的上田原之戰中，讓50名足輕配戴步槍；於天文24年／弘治元年（1555年）的第二次川中島之戰中投入了300把步槍。」據此推測，信玄可能在步槍傳入種子島之前，便已經由中國或朝鮮取得了銅製的火繩槍。

然而，用來製造子彈的硝石只能透過進口取得，而織田信長已將勢力延伸至京畿，堺市等處皆為信長所把持，結果信玄好不容易搶先取得的火繩槍也淪為無用之物。經濟封鎖與禁運在現代的國家之間也會造成問題，或許有些策略在戰國時代也行得通。

經濟制裁

連現代也會以停止物資流通作為經濟制裁

大名會對敵對國家發動終止物資流通的制裁，這種手法與現今並無二致。

荷留與路次斷絕

內陸國的敵對大名
領土為內陸國的大名只能仰賴陸上運輸。

荷留
與敵對國家的邊境會設置關所等，阻止人與物資的往來。若於港口等處實施，則稱為「津留」。

彼此敵對的國家
雙方互相敵對的情況下，會對彼此實施經濟制裁。

路次斷絕
又稱為通路斷絕，於雙方國境處設置關所，阻攔人與物資的往來，亦即所謂的斷絕外交關係。

戰役的費用中，
光是物資就高達100億日圓

| 符合的人 ▷ | 大名 | 公家 | 商人 | 農民 | 其他 | | 符合時代 ▷ | 室町後期 | 戰國初期 | 戰國中期 | 戰國後期 | 江戶初期 |

隨著戰爭規模擴大，
軍糧的調度費用也遽增

中世紀以來的基本原則是，每個士兵皆須各自準備戰時隨身攜帶的軍糧。大將無須準備多餘的軍糧，也不必確保搬運軍糧的人員。然而，進入戰國時代以後，戰爭的規模擴大，進行攻城戰時大多要在戰場上度過較長時間，致使這項原則開始逐漸崩解。

並不是每個人都能夠自備足以撐過持久戰的軍糧。軍糧若中途耗盡會影響作戰的動力，所以大名開始釋出儲備米，提供給士兵。話雖如此，儲備米也有限，當存糧見底時，大名會再投入費用購買軍糧。在敵國領地內進行掠奪也是一種手段，但是考慮到戰後可能納為自己的領地，避免這種作法較為明智。有時也會向同盟國尋求援助，請求送糧。

像這樣在戰事中所花的軍糧調度費用當然也有多寡之分，讓我們來看看天正6年（1578年）毛利輝元攻擊播磨國上月城時的案例。毛利氏在這場上月城之戰中打敗了守城方的尼子勝久與作為援軍趕來的羽柴（豐臣）秀吉，在此期間調度了300石的軍糧，若以現在的幣值來看，大約是2400萬日圓。一次戰役2400萬日圓是高是低還很難論斷，但無論如何那是個戰火紛飛的時代，次數一多，無疑是一筆驚人的支出。

豐臣秀吉征伐小田原一役可謂統一天下的終結戰，從費用來看更是規模浩大。這場戰事準備了20萬石的米（相當於160億日圓）。不僅如此，還為了軍糧以外的補給物資釋出1萬枚金幣，相當於100億日圓。總計，在單次戰役中投入了260億日圓。

富國強兵也需要錢

物資調度

為了避免自己的國家滅亡，需要強大的軍事力量。要獲得這份力量就必須擁有龐大的經濟實力。

大名與家臣於戰時準備的東西

大名

家臣

↓　　　　　　　　　　　　　　　　　↓

軍糧

原本士兵自備糧食（自行負擔軍糧）是很普遍的，但是百姓愈來愈難以自行準備，便開始由大名來準備。

弓箭與彈藥

箭頭或步槍子彈所用的鐵，只能由鍛造師進行加工，很多大名都讓鍛造師住在城下町。

戰事的工程費

水攻或火攻的工程費等。水攻之際必須修築堤防，所以會從當地人中召集大量人夫（體力勞動者）。

武具

戰時所穿的鎧甲、長槍等武器都是家臣自己準備的。有時會從領地的農民中徵調士兵，所以也要準備那些士兵的份。

陣夫的費用

運送軍糧、武器等軍事物資的人員雇用費。從領地的農民中召集，利用馬、牛、載貨車等來運送。

趁火打劫是一門
性價比絕佳的生意

符合的人 ▷ 大名 公家 商人 農民 其他　　符合時代 ▷ 室町後期 戰國初期 戰國中期 戰國後期 江戶初期

◉ 採取守株待兔的被動戰略，等待有利於己的形勢

趁火打劫的小偷，會在火災時趁亂盜取他人之物，這種行為十分低級，卻是戰國大名的生存戰略之一。在敵國彼此爭鬥後坐收漁翁之利，是很常見的手段。

戰爭期間，在內政與外交上不斷做出決斷，這便是戰國大名的日常。然而，並非每個人都能做出主動的決斷，積極出擊固然勇敢，卻同時承擔著相應的風險。

儘管如此，仍有人屢屢在人生的賭局中勝出而逐漸鞏固地位，織田信長與豐臣秀吉便是最具代表性的例子。無論是信長還是秀吉，都是在無數從後世看來極其險峻的賭注中獲勝，一步步通往天下霸主之路。

另一方面，德川家康採取了不一樣的策略。家康至始至終選擇被動的方式：不違逆強大勢力，經常做小伏低、凡事順從。目標不在於強行擴大勢力，而是毫不留情地打擊勢力衰退的敵人。這種做法對己方的損耗較小，加上不必反覆參與氣勢磅礴的戰役，所以無須大方給出過多的賞賜。低風險且性價比絕佳，可說是相當划算的方式。

實際上，永祿3年（1560年）爆發桶狹間之戰，義元陣亡後，原本被送至今川家當人質的家康就此於故鄉三河國獨立，並迅速與戰勝國織田家結盟（清須同盟），平定了三河，數年後又趁著武田信玄入侵駿河時，進攻今川的領地遠江。此時，家康與武田家達成協議，以大井川為界，往西為德川領地，往東則為武田領地。真不愧是家康，萬事設想周到！其後，家康雖隱身於信長與秀吉的影子底下，卻逐漸擴大了勢力版圖，奠定橫跨約260年的太平盛世之基。

堪稱「狐假虎威」的戰法！

戰國時代是個弱肉強食的世界。為了守護自己的國家，與強國合作並踏實地擴大領土為根本之道。

戰國時代趁火打劫的運作機制

C國與A國交戰，
戰敗後滅亡。

A國　　　　　　　C國

大國A國與
B國結盟。

C國的部分
領土

利用與A國的聯盟，
奪取C國的部分領
土，擴大了領土。

B國

123

桶狹間之戰是一場涉及陶器的商業戰

符合的人 ▷	**大名**	公家	商人	農民	**其他**

符合時代 ▷	室町後期	戰國初期	**戰國中期**	戰國後期	江戶初期

經濟價值高的知多半島最終落入何人之手？

知多半島坐落於濃尾平原的南方，經由揖斐川通往美濃與飛驒，作為物資流通的據點大商賈雲集，商業蓬勃發展。此外，自古以來即以常滑燒的產地而聞名。事實上，自中世紀以來，該地便是屈指可數的陶器產地，知多半島製的陶器流通於日本各地，是一塊經濟價值極高而人人皆想占為己有的土地。

桶狹間之戰讓織田信長在群雄割據的時代打響了名號，此役可說是這座知多半島的爭奪戰。這是因為桶狹間位於知多半島的根部，織田與今川從信長之父信秀那一代就頻頻為了當地主權而展開攻防戰。此狀況延續至信長這一代，桶狹間之戰的6年前，即天文23年（1554年），織田軍也於村木砦之戰中打敗今川軍。

直到現在仍很可靠的一則說法認為，桶狹間之戰是今川義元在上洛的途中遭到信長奇襲。然而，照此說法來看，今川陣營的準備未免太不充分了，是否真的有考慮上洛仍是疑雲重重。不過若將此役視為知多半島的勢力之爭，那就說得通了。

桶狹間之戰爆發前，知多半島入口處的鳴海城與大高城落入今川之手，尾張本國與半島被分割開來。信長為了奪回失地，馬不停蹄地於鳴海城與大高城附近建造數座作為攻擊據點的堡壘，這下子變成兩城孤立無援，對今川陣營相當不利，於是義元舉兵反抗──也有人說這便是桶狹間之戰的動機。此時，今川陣營似乎認為關鍵據點大高城的周邊會淪為戰場，信長則利用其認知、反其道而行，毫不理會大高城，而是直搗今川大本營，取下義元的首級。

近年的研究揭開了義元的意圖

經濟要衝

一般認為，被織田軍打敗的今川義元，很可能是出於經濟角度而想要得到知多半島。

軍事物資

經濟戰

義元開始攻打尾張

絕不把知多半島讓給你！

織田信長

織田家從信長之父信秀那一代開始，就將知多半島納入勢力範圍。

桶狹間之戰

鳴海城

大高城

知多半島

追隨我！
掌控知多半島！

伊勢灣

今川義元

義元命令人質松平元康（德川家康）作為先鋒展開進攻，為了各別擊破織田軍而分散軍力，在孤立無援的情況下遭到奇襲。

三河灣

知多半島自平安時代以來，就一直是盛行窯業的地區。其中又以常滑燒為最，流通至日本各地，以日本最大陶器產地之姿蓬勃發展。

125

「本能寺之變」起因於信長失敗的土地政策

符合的人 ▷	大名	公家	商人	農民	其他

符合時代 ▷	室町後期	戰國初期	戰國中期	戰國後期	江戶初期

單方面奉命調動，壓抑的不滿終於爆發

織田信長擁有無人能及的廣大領土，巔峰時期曾多達400萬～600萬石，但說到直轄領地卻幾乎沒有。這也是信長與其他大名最大的差異之一。

戰國大名會把部分領地賜予家臣，藉此鞏固主從關係。另一方面，必會留下相應的直轄領地以便維繫財政。然而，信長分配給家臣的領地其實不是「賜予」，而是命其「管理」罷了，本質上，所有織田領地皆等同於信長的直轄領地，所有者終歸還是信長。必須是直轄領地才能取得政權營運所需的稅收，而信長比對手擁有更龐大的經濟優勢。

織田家的家臣就好比朝廷官員或近代以後的知事，只是暫代土地管理之職。因此信長不僅會把曾經分配出去的領地收回，還經常將家臣調至毫無關係的土地。他們必須按照信長的命令治理被交託的領地。獨立經營是不被允許的，至始至終都是當個管理人。

元老級的家臣應該早已習慣這樣的統治制度，但是對於中途加入織田家的外樣大名來說，就不是這麼回事，想必有很多難以苟同之處。

織田家中的能幹成員明智光秀，便是曾侍奉美濃齋藤家與幕府的中途入社組。光秀在領地丹波與近江實行仁政，致力維持統治的穩定性。尤其是丹波，與有「赤鬼」之稱而令人畏懼的黑井城主赤井直正等當地土豪展開鬥爭，歷經5年的歲月才取得這塊土地。據說信長就是在本能寺之變不久前，命令他轉移至其他地方。

信長破壞了武家社會的制度

地區政策

在戰國時代，土地基本上是大名賞賜之物。信長則是破壞這套封建制度的先驅。

軍事物資

經濟戰

傳統的封建制度

「賜予」
領地

大名　　　　　　家臣

在傳統封建制度的認知中，土地是由大名「賜予」家臣的東西。土地一旦收下，就完全屬於家臣。大名若希望家臣忠心不變，就必須不斷賞賜土地給有功之人。

信長的土地制度

「借出」
領地

信長　　　　　　家臣

信長創建的是所謂的「中央集權制度」，派至地方就任的家臣是信長的代理人，即現代所說的分店店長。家臣皆依據信長訂下的規則來治理領地，因此能夠順暢地推動政務。

---

column

國替失敗的秀吉與飛躍成長的家康

秀吉和信長一樣，也很頻繁地進行國替（更換領地）。其中，最著名的便是將德川家康移封至關東地區。相傳秀吉是希望疏遠具影響力的家康，但是此次國替卻讓家康獲得比秀吉更多的領地。換言之，秀吉因為過於忌憚家康，把轉封地的大批居民（龐大的軍事動員力）送給了家康，也給了他日後躍進的機會。

原本的計畫是出兵馬尼拉而非朝鮮

| 符合的人 ▶ | **大名** | 公家 | **商人** | 農民 | 其他 | 符合時代 ▶ | 室町後期 | 戰國初期 | 戰國中期 | **戰國後期** | 江戶初期 |

以步槍步兵為主力的日軍，在陸戰才能發揮實力!?

成為天下霸主的豐臣秀吉，終於著手他構想已久的海外派兵。他要求葡萄牙官廳所在的印度果亞、西班牙官廳所在的馬尼拉，以及台灣等地臣服並進貢。同時為入唐（征服中國）預做準備，其中一環便是要求朝鮮臣服。

以明朝（中國）為中心的東亞秩序，隨著明朝的衰退而出現裂痕。秀吉有意藉機建立起新的秩序。

此時，秀吉採納親信長谷川宗仁所獻的計策，也將澳門與馬尼拉等地列入目標選項中。葡萄牙與西班牙可謂大航海時代的主角，將大量知識與技術傳入日本。他們表面上雖以傳教為由分布於東亞各地，但首要目的在於開拓市場，這也是不爭的事實。

葡萄牙串聯起澳門與馬尼拉，將美洲大陸的白銀大量輸入中國大陸，對於白銀產出國的日本而言是商業對手。再加上西班牙與日本的關係持續惡化，馬尼拉又隸屬於其管轄之下，倘若以武力壓制澳門或馬尼拉任何一方，都能打擊到當前的敵人，以重整東亞秩序這點來說，應該是相當有效的舉措。經由琉球、台灣來進攻澳門、馬尼拉，以成本效益而言應該是相當划算的判斷。實際上，據說馬尼拉當地的人們為日軍可能來襲而提心吊膽。

然而，秀吉下定決心先經由朝鮮半島入唐。據說這個決斷背後的原因在於秀吉軍，也可以說是整個日軍部隊的結構。秀吉所能動員的國內軍隊，幾乎都是以步槍步兵為主的陸上戰力，一般認為，這是他不選擇海上路線而決定活用戰力進軍朝鮮的理由。

進軍海外

未能以寬闊視野看清形勢的秀吉

戰國時代的主要戰力在於步兵部隊，秀吉也不例外，他選擇能夠活用步兵強項的陸路來進攻明朝。

決定進軍朝鮮的原因之一

陸上兵力
日軍的強項在於以步槍步兵為主的陸上戰力。

海軍兵力
一般推測，秀吉對步兵戰力過於執著，因此透過海軍兵力奪取東海制海權一事，並不在他的預想範圍內。

未能實現的馬尼拉進攻方案

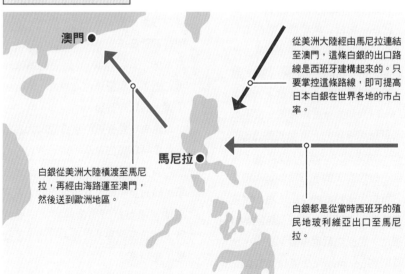

澳門 ●

從美洲大陸經由馬尼拉連結至澳門，這條白銀的出口路線是西班牙建構起來的。只要掌控這條路線，即可提高日本白銀在世界各地的市占率。

馬尼拉 ●

白銀從美洲大陸橫渡至馬尼拉，再經由海路運至澳門，然後送到歐洲地區。

白銀都是從當時西班牙的殖民地玻利維亞出口至馬尼拉。

關原之戰後，德川一族的領土擴增了3倍左右

符合的人 ▷	大名	公家	商人	農民	其他

符合時代 ▷	室町後期	戰國初期	戰國中期	戰國後期	江戶初期

◎ 勝者全盤皆拿！家康無情的戰後處分

全國大名在關原之戰中分成東西兩大陣營交戰，但追根究柢起來，一開始不過是受豐臣家眷顧的大名之間鬧內鬨罷了。德川家康在此時趁虛而入，耍手段讓衝突升溫，而演變成一決雌雄的大戰。

受豐臣家眷顧的諸多大名絕非團結一致的，家臣之間經常針鋒相對而關係不穩。家康加深了那些裂痕，並使其演變成一決勝負的關鍵之戰，戰後，許多資源全進了家康麾下，像是權力，以及作為後盾的領地。從戰敗的西軍那裡沒收的石高竟然高達630萬石。他掌控了大部分的資源，光是自己與自家人的加俸就超過300萬石。再加上全日本的金山、銀山與主要港口等，將經濟上的資源皆納為直轄領地。關原之戰從爆發到結束，所費時間約6小時，光是這樣就有如此龐大的收穫，效益實在好得過分，可

謂是一本萬利。想必德川為此笑得合不攏嘴吧。

比較交戰前後的石高會發現，家康從250萬石大幅增加至400萬石，而原本擁有222萬石的豐臣秀賴減為66萬石，毛利輝元則從120萬石降為36萬9000石，形同大幅減封。前田家取代秀賴與輝元，獲得僅次於家康的領地許可權，石高為120萬石。另一方面，含家臣在內，德川一族的版圖總計高達800萬石，號稱當時全日本的25%。相較於過去的武家政權，這個比例壓倒性地龐大，也確保了強大的財政基礎。

也有一些受豐臣家眷顧的大名加入家康所率領的東軍，賜予他們的合計約為200萬石。看似很多，但幾乎都被轉封至中國、九州與四國等遙遠之地，遠離京畿周邊的政治中心地區，明顯受到冷淡待遇。可謂是狡兔死，走狗烹。

光是自家人就加俸300萬石

戰後利益

關原之戰在德川家康大獲全勝後落幕，那麼戰前與戰後在領地方面有什麼樣的變化呢？

關原之戰前後勢力版圖的變化

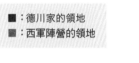

■：德川家的領地
■：西軍陣營的領地

石田三成

三成以西軍大將之姿出戰，卻無法團結起加藤清正與福島正則等武斷派而敗北。

關原之戰以後
……

**針對西軍陣營的大名家進行改易
＆沒收領地，藉此擴大了領土**

德川家康

德川家康把關東一帶、中部地區、東海地區與京畿等大部分領地納入掌控之中。

■：家康的直轄領地＆親藩・譜代大名的領土
■：豐臣家的領地

131

「賑鹽予敵」的背後
有商業戰略上的意圖

上杉謙信是一名超級商人

　　說到戰國時代永遠的勁敵，當屬在川中島之戰中展開殊死戰的武田信玄與上杉謙信。信玄所治理的甲斐是內陸國，長期渴望著大海。因此，今川義元在桶狹間之戰中落敗而死後，信玄於永祿10年（1567年）進攻今川家的駿河。遭到背叛的今川家與其盟友北條家聯手對武田家執行了「斷鹽」的策略，令信玄陷入絕境。結果是其勁敵謙信出手相助，這則「賑鹽予敵」的軼事相當著名。然而，「謙信不計利益得失，向宿敵伸出援手」這般充滿正義感的故事，據說是後世的創作，另有一說認為，其實上杉家把對甲斐斷鹽一事視為絕佳機會，試圖壟斷物流、遙遙領先他國。敵人歸敵人，生意歸生意——倘若謙信真有這樣的思維高度，那麼確實很不簡單。

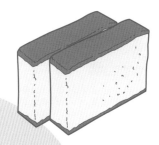

第四章

貿易與物流
之守則

若要談論戰國的經濟狀況，自然少不了南蠻貿易。日本是
難以接收到他國文化的島國，而自西洋帶入的技術與文化
一舉翻轉了日本的價值觀，成為邁向新時代的關鍵。本章
將介紹明日貿易、南蠻貿易與當時的物流情況。

貢舶貿易可以獲得巨額利潤，但是有次數限制

與明朝貿易對日本而言是一門利益豐厚的生意

室町時代的室町幕府，努力透過與明朝（現在的中國）貿易來確保財源。當時的明朝只允許朝貢貿易，民間貿易是被禁止的。所謂的朝貢貿易，是屬國向明朝皇帝獻上貢物，皇帝再贈物作為回禮。換言之，室町幕府接受被納入明朝的管轄之下。

雖說可以進行貿易，但是屈居屬國地位對獨立國家來說，應該是相當屈辱的事。儘管如此，幕府之所以仍繼續朝貢貿易，是因為帶來的利益十分可觀。明朝皇帝為了顯示其權威，按例回禮會比收到的貢品貴重數倍。此外，只要是明朝製品，在當時的日本國內都會被賦予極高的價值。

然而，這種對日本而言利益豐厚的貿易，對明朝來說卻是有損經濟的制度。倘若貿易無限持續下去，再怎麼說是泱泱大國，經濟還是有可能崩潰。因此，明朝採用了發行勘合符的貢舶貿易。在這種制度下，唯有持有勘合符證書的船隻才能與明朝進行貿易，而每一代明朝皇帝會發行100張勘合符給屬國。換言之，每一位皇帝在位期間，貿易以100次為限。

根據永享6年（1434年）遣明船的紀錄，一艘船的費用為租船費300貫文、修船費等300貫文、船員酬勞400貫文，糧食、水與藥品等500貫文。再加上貢物，一次貿易所需費用約為1萬貫文。這些付出會獲得3萬至4萬貫文（約為現今的50億日圓）的回饋，所以在形式上成為屬國之類的事，或許是微不足道的問題。

貢舶貿易

貢舶貿易可謂自尊的衝突

能帶來莫大利益的貢舶貿易，似乎存在著各種規則與禮節。

貢舶貿易的禮節

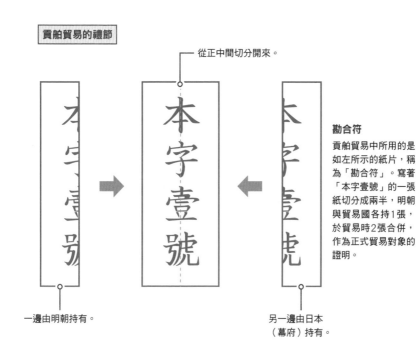

從正中間切分開來。

本字壹號

勘合符

貢舶貿易中所用的是如左所示的紙片，稱為「勘合符」。寫著「本字壹號」的一張紙切分成兩半，明朝與貿易國各持1張，於貿易時2張合併，作為正式貿易對象的證明。

一邊由明朝持有。

另一邊由日本（幕府）持有。

需要冊封體制

要與明朝進行貿易，就必須向明朝朝貢並取得爵位（冊封），被認可為該國之王。

明朝給的回禮都會「加倍奉還」

進行貢舶貿易時，明朝為了展現大國的權威，回禮的價值會是對方國家貢品的幾倍。

本來一文不值的壺，
到了日本卻價格飆漲

符合的人 ▷	**大名**	公家	**商人**	農民	其他	符合時代 ▷	室町 時代	戰國 初期	戰國 中期	**戰國 後期**	江戶 時代

朝鮮終歸只是墊腳石，
真正目標是明朝的高價特產品

奉豐臣秀吉之命，日軍於天正20年／文祿元年（1592年）到慶長3年（1598年）期間進軍朝鮮。日本與朝鮮雙方在這場戰爭中陣亡者無數，是豐臣政權開始衰退的關鍵因素。一般認為，朝鮮不過是墊腳石，秀吉最終的目的在於明朝（現在的中國）。

高價特產品是明朝的魅力之一。貿易曾因室町幕府的衰退而中斷，所以日本國內市面上已經很久沒出現這類商品。其中，秀吉最感興趣的，是一種名為呂宋壺（又稱真壺）的壺。隨著千利休等人的登場，茶道當時掀起一股熱潮，呂宋壺作為保存茶葉的容器而被視為珍寶。此外，當時與明朝的貿易已經中斷，正如其名所示，呂宋壺是經由呂宋島（現在的馬尼拉）傳入日本的。

此壺原為明朝南方燒製的日用品。作工粗糙、作為雜器流通，但是適合保存茶葉，所以在日本國內以驚人的高價販售。據史料所示，最貴的一個值49兩。49兩若換成米，超過60石；若換成錢，大約是60貫文；換算成現在的幣值，則相當於500萬日圓左右。

這種作為雜器的壺，以二束三文購入後，竟可以賣出如此高價，讓日本商人紛紛湧入呂宋島。據說把島上的壺搶購一空。雖說不過是雜器，但就憑這股對壺的需求，當然會希望與其原產地明朝重啟貿易。

話雖如此，進軍朝鮮的實際理由尚無定論，另有各式各樣的說法，例如秀吉想擴大領土，或是削弱大名的兵力與財力等。

進軍朝鮮的理由

除了呂宋壺外，進軍朝鮮可能還有其他原因

完成統一天下大業的秀吉為何要進軍朝鮮？關於這點至今仍謎團重重，有各式各樣的學說。

進軍朝鮮的理由眾說紛紜

征服欲與名譽欲

此學說認為，秀吉完成統一天下的大業後，變得過於自信，進而產生征服朝鮮乃至明朝的野心。

讓明朝臣服以便進行貿易

此學說指出，當時日本與明朝之間幾乎沒有外交關係，只透過走私維持聯繫，因此秀吉試圖以武力使之服從，以便重啟交易。

為了穩定國內局勢

此學說認為，秀吉在統一天下後派諸位大名遠征，消耗其士兵與物資等資源，藉此掃除叛亂的火種。

為了牽制西班牙

此學說指出，秀吉認為入侵東南亞的西班牙，有可能征服明朝與朝鮮，並進攻日本，將其視為威脅，於是出兵來展示日軍的軍事力量。

琉球是聯繫日本與
其他國家的貿易中心

符合的人 ▷ **大名** 公家 **商人** 農民 **其他**　　符合時代 ▷ **室町時代** 戰國初期 戰國中期 戰國後期 江戶時代

不僅限於明朝，匯集東南亞各式商品的貿易據點

琉球王國（今沖繩）是個海洋國家，從14至16世紀期間成為亞洲地區的一大貿易據點。

當時的琉球是個獨立國家，由於納入明朝的冊封體制，因此展開積極的朝貢貿易。進獻貢品給明朝皇帝，再輸入大量作為回禮的優異特產品——日本也曾經進行這種朝貢貿易，卻隨著室町幕府的衰退而中斷。相對的，琉球確保了有利條件，並以貿易作為國策核心，建立一套穩定進口陶瓷器與絲織品等優質明朝製品的體制。

此外，琉球王國也很盛行與東南亞諸國進行貿易。結果，除了明朝製的絲織品與陶瓷器等，連東南亞的木材、礦石、染料、辛香料、酒、象牙與日本製刀劍等也匯集至此，使琉球作為重要貿易據點而持續成長。日本不僅可透過與琉球的貿易取得明朝物資，還進口大量東南亞的特產品。

從東南亞輸入日本的進口品中，香料與香木特別多。紫檀為香木的一種，亦可作為建築材料，據說深受大名等掌權者喜愛而交易價格高昂。

日本國內是在室町幕府的主導下與琉球王國進行貿易，然而其中的利益龐大，因此大內氏、大友氏、島津氏等九州大名也都各自與琉球王國進行貿易。琉球王國透過與明朝、日本與朝鮮等地的中轉貿易而蓬勃發展起來，但是慶長14年（1609）因島津家揮兵進犯（琉球侵攻）而成為島津家的直轄領地。此外，在琉球統治下的奄美等地則奉命生產砂糖，島津氏開始壟斷日本國內的砂糖市場。

琉球貿易

琉球曾是東亞的貿易據點

琉球王國透過海外貿易獲得巨額財富，持續與各國交易著各式各樣的物資。

琉球貿易的流程

①從東南亞進口

從東南亞諸國進口香料、香木或象牙之類的裝飾品等，再出口至日本、明朝或朝鮮。

主要進口品

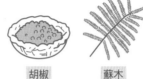

胡椒　　　　蘇木　　　　象牙

②從日本進口

從日本進口刀劍等武具，再出口至明朝。自從歸島津家管轄後，將海產與酒類出口至明朝，再以白銀購買生絲與絲織品並銷往日本。

主要進口品

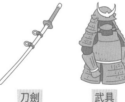

刀劍　　　　武具　　　　扇子

③出口至明朝

出口至明朝的琉球特有商品中，以琉球馬與硫磺為大宗。硫磺從14世紀前後開始產出，來自現今沖繩縣唯一一座活火山：硫磺鳥島。

主要進口品

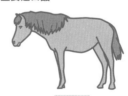

琉球馬　　　　硫磺

---

column

「成為萬國間的橋樑」——琉球王國對貿易的熱情

首里城中擺了一座鐘，名為「萬國津梁之鐘」。「萬國津梁」意指「所有國家之間的橋樑」。從這座鐘可以窺見，透過海外貿易繁榮起來的琉球王國，對貿易充滿熱情。

用來作為步槍子彈的硝石大多是走私品

| 符合的人 ▷ | **大名** | 公家 | **商人** | 農民 | **其他** | | 符合時代 ▷ | 室町時代 | **戰國初期** | **戰國中期** | **戰國後期** | 江戶時代 |

明朝已禁止出口，取得硝石的最終手段

說到透過貿易帶入日本國內的商品，印象較強烈的是以茶器或紡織品為代表的高級品與奢侈品。然而，對大名而言，不可或缺的物品似乎也不少。其中最具代表性的應該是製成步槍子彈來使用的鉛，以及作為火藥原料的硝石。

天文12年（1543年）漂流至種子島的葡萄牙人將步槍帶入日本，短短數年間便成功在國內生產，並在轉眼間推廣至全國各地。然而，日本缺乏關鍵的子彈與調配火藥所需的素材。

明朝是最適合的進口國，亦為硝石的主要產地。然而，當時明朝所採取的倭寇對策便是禁止軍事物資的出口。倭寇原本是在東南亞與中國沿岸一帶活動的海賊，但是到了16世紀前後，走私貿易成為其主要的資金來源。因此，日本若想進口硝石，只能仰賴倭寇進行走私貿易，別無他途。

倭寇中最著名的人物，是一位名叫王直的中國人，除了硝石，據說還經手硫磺、生絲、棉花等數種禁運品。順帶一提，漂流至種子島的葡萄牙人所搭乘的船也是王直安排的，據說王直本人也搭了那艘船，負責翻譯。甚至連製造步槍所用的鐵，也是王直從明朝籌措的，毫無疑問是對日本國內步槍的普及有很大影響力的人物。

倭寇曾盛極一時，但在明朝政府的鎮壓政策下，其勢力逐漸衰退。反而是葡萄牙取而代之，逐漸擴展了勢力。明朝還割讓澳門作為協助擊退倭寇的回報，結果葡萄牙將明朝物資帶入日本，逐漸獲得巨額財富。

與明朝、葡萄牙抗爭的倭寇

倭寇

倭寇主要活躍於現在的東海，與明朝發生衝突。連葡萄牙都協助明朝來鎮壓他們。

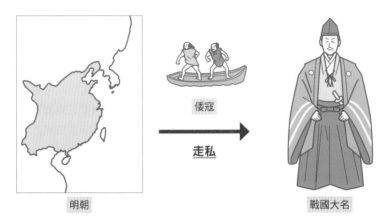

倭寇

走私

明朝

戰國大名

在明日之間進行走私的倭寇

雖然日本與明朝已斷絕外交，鉛、硝石、鐵等仍透過倭寇私運至日本，送至戰國大名手裡。據說倭寇因為明朝的海禁政策而從16世紀前後開始逐漸衰退。

葡萄牙

VS

倭寇

葡萄牙參與倭寇的鎮壓

葡萄牙一直以來皆以澳門為據點，於永正10年（1513年）與明朝建立通商關係，並協助明朝鎮壓倭寇。基於這項功績，葡萄牙人獲允居住於澳門，開始負責東南亞一帶的貿易。

葡萄牙與日本貿易所獲得的利潤和德川幕府的稅收一樣多

符合的人 ▷	大名	公家	商人	農民	其他

符合時代 ▷	室町時代	戰國初期	戰國中期	戰國後期	江戶時代

葡萄牙的貿易手法是於亞洲採購、於亞洲販售

葡萄牙與明朝建立通商關係,並獲得澳門作為據點,將明朝與澳門的特產運至日本。提到南蠻貿易,往往給人一種買賣歐洲珍稀商品的強烈印象,但實際上大部分產品都是從以明朝為中心的亞洲各地採購的,一般稱為「舶來品」的歐洲商品只是一小部分。

由葡萄牙經手從亞洲各地帶進日本的物品中,囊括了運用步槍時不可少的鉛與硝石,還有生絲、絲織品、黃金、陶瓷器與草藥等。尤其是當時日本幾乎未生產的優質生絲,又稱為白絲,據說備受珍視。

為了換取這些進口品而從日本運出的物品中,含括了銀、銅、刀劍與工藝品等,據說又以銀的出口量最多。畢竟日本國內有石見銀山等多座優良的銀山,是世界屈指可數的白銀產地。

然而,葡萄牙屬於歐洲列強,為何為了貿易而千里迢迢來到亞洲呢?雖說隨著大航海時代的來臨而相繼發現了新航路,但是當時的航海技術不如現在這麼發達,要航行至可謂東方盡頭的日本,想必伴隨著遇難等龐大風險。儘管如此,他們仍以亞洲作為據點,是因為預估在此地區進行貿易能獲得與風險相應的利益。

從戰國時代後期的1570年代起,到由德川家康開設江戶幕府後管控堅若磐石的1630年代,這期間日本與葡萄牙的貿易總額若換算成石高,大約是200萬石至400萬石。此額足以和德川幕府1年份的年貢收入匹敵。對歐洲列強而言,在亞洲的貿易是一門利潤豐厚到值得賭上性命的生意。

與東亞的貿易

南蠻貿易

交通與物流

貿易船

南蠻人所用的大型船

大航海時代的南蠻商人（傳教士）都是使用一種名為克拉克（Carrack）的大型船。

克拉克帆船

葡萄牙航海時所用的船，採用與基督教對立的伊斯蘭勢力船上所用的帆改良而成，葡萄牙語又稱為Nau。另有一種比此船小型的卡拉維爾帆船。

戎克船

中國商人所用的船，如今在沿岸一帶仍看得到。據說日本加以改良，從秀吉時代開始正式進行朱印船貿易時，便以「唐船」之姿活躍不已。

戰國FILE

宮前事件

說到近世日本人與西洋人的糾紛，以文久2年（1862年）的「生麥事件」最為著名，然而，從那次往前回溯至約300年前的永祿4年（1561年），肥前國平戶曾發生葡萄牙商人與日本商人的暴力事件。該事件稱為「宮前事件」，是雙方的絹絲生意談不攏，日本商人怒摔了商品，葡萄牙商人撲上去打人，旁觀的武士見狀便幫了日本商人，最後演變成一場大混戰。葡萄牙人因而中斷在平戶的貿易。

引進了大量西洋文化

南蠻貿易不僅將基督教與步槍傳入日本，還引進了各式各樣來自西歐的商品。

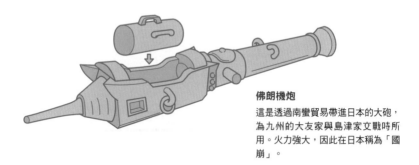

佛朗機炮
這是透過南蠻貿易帶進日本的大砲，為九州的大友家與島津家交戰時所用。火力強大，因此在日本稱為「國崩」。

管風琴
最初是由天正10年（1582年）派遣至羅馬的天正遣歐少年使節帶回來的。熊本縣天草學院館中現存的管風琴，管子部位並非金屬，而是以竹子製成。

眼鏡
眼鏡是於戰國時代傳入日本。當時的眼鏡無法戴在耳朵上，而是手持使用。

香菸
一般認為是引進步槍時一起傳入的，戰國時代是把煙絲塞進煙管內來抽。據說伊達政宗一天抽3次左右，分別是起床後、中午與睡覺前。

進口品②

直接以葡萄牙語命名

南蠻貿易的進口品中，有些物品的名稱源自葡萄牙語，且如今仍直接沿用。

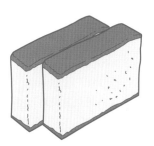

卡斯特拉（長崎蛋糕）

葡萄牙傳統點心「海綿蛋糕(Pão de ló)」為其原型，卡斯特拉(Castella)一詞是源自於卡斯提亞王國(Castilla)的國名。

金平糖

葡萄牙傳教士路易士‧佛洛伊斯獻上的金平糖。據說當時的金平糖呈凹凸不平狀，有別於一般鋸齒狀的印象。

斗篷

南蠻人穿的服裝，猶如雨衣。據說是使用一種名為羅紗的高級布製成，所以只有武士階級買得起。

南瓜

南蠻貿易中也進口了不少來自東南亞的物品，眾所周知，柬埔寨（カンボジア，Cambodia）為南瓜的產地，南瓜的日文カボチャ（kabocha）便是源自於此。

---

column

「天婦羅」不是日語！

「天婦羅」是日本傳統和食之一，不過據說其名稱是來自葡萄牙語的「tempero」，也就是「油」的意思。

對認可基督教的國家
優先展開貿易

符合的人 ▷	大名	公家	商人	農民	其他	符合時代 ▷	室町 時代	戰國 初期	戰國 中期	戰國 後期	江戶 時代

允許基督教傳教
是展開南蠻貿易的條件

在大航海時代，葡萄牙與西班牙的商船紛紛航向世界的大海。其目的在於獲得經濟上的利益，與各國展開貿易，倘若對手實力較弱，有時會發動戰爭加以占領。他們以宣揚基督教作為正當名義。事實上，這兩個國家獲得羅馬教皇的認可：「只要能宣揚基督教，由葡萄牙與西班牙二分天下亦無不可。」反過來說，是硬性規定他們在交易或侵略時，一定要進行傳教。

貿易船來到日本時，也是從允許傳教地區的港口入港。現今中國地區一帶是大內義隆的領地，他比諸位大名還早一步發出傳教許可。義隆也曾多次接見方濟‧沙勿略，並對領地內發出「允許加入基督教」的告示。

其後，為了吸引南蠻船，有愈來愈多大名允許傳教，其中也有不少大名受到基督教教義感動而成為吉利支丹大名（指皈依基督教且接受洗禮的大名）。

控管豐後（今大分縣一帶）的大友宗麟是其中一位較著名的吉利支丹大名。宗麟曾召來持續在大內義隆所治理的山口傳教的沙勿略，以傳教為條件而展開貿易，後來又採買大量軍事物資，甚至比諸多大名早一步成功製造出大砲，大友宗麟因此獲得強大的軍事實力。這是因為他暗地裡提供基督教優厚庇護的緣故。由於宗麟與葡萄牙、教會的關係密切，讓豐後曾一度被定位為日本國內基督教的總本山，甚至試圖在日向（今宮崎縣）建立基督教王國。

傳教士

傳教士行經的航線

來訪日本的基督教傳教士是走哪一條航線呢？在此以沙勿略為例來逐一介紹。

從里斯本到日本

耶穌會傳教士沙勿略是從葡萄牙王國的里斯本啟程，行經南非大陸南部，航過印度的果亞，通過東南亞抵達澳門，最後來到日本。

戰國FILE

日本的第一個聖誕節

科斯梅・德・托雷斯神父長期在沙勿略曾走訪的山口舉辦傳教活動。眾所周知，他於天文20年（1551年）首度在日本慶祝聖誕節，如今山口市甚至會在每年12月改名為「聖誕市」。

在日本的移動路線

沙勿略主要是在西日本活動。他為了取得日本全國傳教權而前往征夷大將軍足利義輝所在的京都，卻遭到拒絕。其後與山口的大內氏、豐後的大友氏等達成傳教的協定，為了全新的傳教活動而前往明朝。

如果沒有秀吉，日本已淪為西歐的殖民地

符合的人 ▷	**大名**	公家	商人	農民	**其他**	符合時代 ▷	室町時代	戰國初期	**戰國中期**	**戰國後期**	江戶時代

◎ 長崎已成為貿易港，大村純忠將之獻給教會

大村純忠與大友宗麟同為著名的吉利支丹大名，治理著肥前（今佐賀縣一帶）。其政策不僅允許傳教，還免除來航商人的關稅長達10年、鎮壓對吉利支丹反感的佛教徒、燒毀領地內的神社與寺院等。更有甚者，橫瀨浦的港口開港時，將港口與其周邊半徑10公里左右的土地捐獻給教會，作為教會的領地。

從全日本國土來看，半徑10公里的土地不過是彈丸之地，但若從日本自治權存續的觀點來看，把日本部分領土置於葡萄牙的管轄之下，可說是情勢危急。這是因為，治外法權的土地（如印度的果亞或明朝的澳門般）不適用本國法律，很有可能成為葡萄牙控管日本的墊腳石。實際上，當時的葡萄牙與西班牙抱持的構想是：把世界一分為二，全部納入殖民地來控管。

葡萄牙與大村家有著緊密的連結，因此葡萄牙船皆集中從大村的領地以及純忠的親戚有馬晴信的領地入港。入港地從橫瀨浦轉移至福田浦，最後又移至長崎，純忠便是在這時割讓這塊土地作為教會的領地。當時長崎的人口為5000人，據說其中有1500多人是吉利支丹。

葡萄牙恐怕是想以長崎為據點，利用大村家與有馬家作為先鋒，對日本發動侵略。然而，推動統一天下大業的豐臣秀吉率大軍進入九州後，形勢為之一變。秀吉察覺到日本的危急狀況，遂頒布了伴天連追放令（驅逐外國傳教士）。平定九州後，從教會手中收回長崎之地，納入直轄領地，粉碎了葡萄牙侵略日本的野心。

吉利支丹大名

過於熱中而失了分寸的大村純忠

大村純忠是名吉利支丹大名，試圖透過恐怖政治使其領地內全面信奉基督教。

鎮壓佛教

對基督教的信仰過於虔誠而做出各種暴行，例如破壞寺院與代代祖墳、焚燒家臣的祖先牌位等。

強制變更信仰

強迫原為佛教徒的領民改信基督教，不服從者則逐出國境或處刑。此後，心懷怨恨的家臣群起發動叛亂。

捐獻土地

純忠將自己國家的領土捐獻給耶穌會。據說還提供橫瀨浦的港口作為「基督聖母港」，後來連長崎與茂木等地都捐出去作為教會的領地。

---

column

挑釁秀吉的加斯帕・科埃略

加斯帕神父以平戶為活動據點，曾搭乘裝載著大砲的船前往秀吉所在的博多，挑釁對基督教持否定態度的秀吉。他與九州的吉利支丹大名都試圖與秀吉作對，據說這件事也和伴天連追放令有所關連。

葡萄牙一直靠買賣日本奴隸謀取龐大利潤

基督教的傳教與南蠻貿易密切相關

葡萄牙透過日本的南蠻貿易獲得難以置信的利益，原因在於其壟斷硝石等軍事物資的買賣。在戰國時代群雄割據的日本，諸多大名都爭先恐後地收購武器。

然而，這種盛況在豐臣秀吉統一天下後開始有衰退之跡。完成統一天下大業後，日本獲得短暫的和平，不再需要持有大量武器，那些擁有無數武器的大名，對統理天下的秀吉而言，反而成為一種威脅。

秀吉於天正15年（1587年）頒布了基督教的禁教令，此舉是為了抑止南蠻貿易。西班牙與葡萄牙的目的在於傳播基督教，故而提出「要想貿易，就允許擴大傳教範圍吧」的要求。面對這樣的條件，想購買武器等商品的諸多大名紛紛允許其在領地內傳教。

秀吉發布禁教令的目的在於讓諸多大名遠離基督教，藉此打造南蠻貿易難以為繼的狀況，排除西班牙與葡萄牙的影響力。

南蠻貿易還有一個問題點，即人口買賣。葡萄牙從事奴隸交易，買日本人作為奴隸，賣至世界各地。有種說法指出，島津氏於戰時俘虜的部分領民被賣到肥後（今熊本縣），其後又轉賣給葡萄牙。

對身為日本國王的秀吉而言，百姓是自己的所有物，無論如何都不能允許任意買賣。秀吉向教會發出抗議書，要求停止以日本人為奴，還下令將帶至境外的日本人也帶回來。

弊端增加的南蠻貿易

天下統一後的和平之世不需要武器。秀吉視南蠻貿易為弊端，於是頒布了禁教令。

秀吉的基督教對策

喔⋯⋯
主啊⋯⋯

棄教
一般認為秀吉的禁教令並未強制更改信仰，不過據說秀吉的軍師黑田孝高（官兵衛）是一名吉利支丹，因為政治壓力而棄教。

將傳教士逐出境外
秀吉認為根本原因在於傳教士，故試圖將其逐出境外，剝奪了傳教士的傳教權，並催促其返回自己國家。

**遭處死的
日本二十六聖人**
出於對基督教的危機意識，長崎有多名基督教教徒於慶長元年（1596年）遭處死。據說這是秀吉這類掌權者首次執行死刑。即便在家康成為天下霸主後，仍未改這種對基督教徒的鎮壓，與後來寬永14年（1637年）爆發的島原天草之亂等有所關連。

只和荷蘭貿易的原因
涉及基督教的傳教活動

符合的人 ▷ **大名** 公家 商人 農民 **其他**　符合時代 ▷ 室町時代 戰國初期 戰國中期 戰國後期 **江戶時代**

◉ 德川家康期望的是
無傳教的純粹貿易

　　豐臣秀吉死後，於江戶開設幕府的德川家康也禁止基督教。不僅如此，先前儘管認為基督教傳教是危險的，仍允許繼續南蠻貿易，到了家康才加以禁止。另一方面，家康允許與荷蘭進行貿易，但為什麼要排除長期貿易的葡萄牙與西班牙，選擇資歷尚淺的荷蘭呢？答案就在於歐洲的宗教對立。

　　當時的歐洲，從德意志神學家馬丁・路德主導的宗教改革中誕生了「新教」，與舊有的教會「天主教」產生激烈衝突。所謂的「新教」，是批判「天主教」的金權主義、以純粹信仰為目標的教派。

　　葡萄牙與西班牙皆為「天主教」國家，結合貿易與傳教，為吸引信徒入教而奔波，並將貿易所得的部分利益上繳給教會。另一方面，荷蘭則是「新教」國家，和葡萄牙、西班牙一樣往世界發展，進行貿易與侵略，但是目的終究是為了謀求利益，而不要求傳教。家康認為基督教的傳教十分危險，而與荷蘭打交道可以將傳教與貿易劃分開來，作為商業夥伴再適合不過。此外，家康採行的體制是，只有幕府可以進行貿易，讓所得利益皆歸幕府所有。

　　家康選擇荷蘭還有另一個主要原因。關原之戰不久前的慶長5年（1600年）4月，一艘荷蘭船漂至大分的臼杵。負責處理的家康從船員那裡聽到詳細的歐洲國情與宗教事宜等，並將部分船員納為家臣，作為與他國外交與貿易的顧問，試圖引進其知識。

宗教對立

耶穌會因傳教而適得其反

南蠻貿易以允許傳播基督教作為條件，不過以貿易為優先的新教漸漸獲得優惠待遇。

南蠻人與紅毛人

因宗教戰爭而對立

南蠻人

指葡萄牙人與西班牙人。這些人隸屬於基督教內的天主教，以傳教為目的，同時對非洲與亞洲發動侵略戰爭。

紅毛人

指荷蘭人與英國人，以及頭髮偏紅的人們。隸屬於新教，基於馬丁路德的宗教改革，重心並未放在傳教活動上。

因為人口買賣與暴動事件而產生不信任感，循序漸進地避免與其貿易。

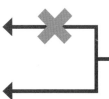

荷蘭只進行貿易而不要求傳教，故而獲得家康的信賴。

德川家康

153

在戰國時代，運輸業是相當穩當的行業

| 符合的人 ▷ | 大名 | 公家 | **商人** | 農民 | 其他 | | 符合時代 ▷ | 室町時代 | 戰國初期 | 戰國中期 | 戰國後期 | 江戶時代 |

陸路出現貨運業者，水路則往船隻大型化發展

鎌倉時代以後，隨著貨幣經濟的普及，物資的運送變得更加重要。不分今昔，經濟發展都少不了物流，於是規劃以全國規模來整備物資往來不可欠缺的道路。

平安時代末期，開始有人利用牛馬運輸來做生意，這些人稱為馬借或馬子。他們把載貨用馬鞍安置於馬上來運送貨物；後來又出現一種名為車借的職業，是讓牛拖拉貨架，可以運送更多的貨物。

雖然開始一步步整備陸路，但是歷經南北朝時代、應仁文明之亂，緊接著是戰國時代，可謂內戰不斷，建構聯繫日本國內網絡的進度不如預期。進入戰國時代後，諸多大名於領地邊界設立關所，嚴格管理人與貨物的進出。織田信長廢除了這些只會妨礙物流的關所，同時著手道路的鋪修，實現順暢的物流。然而，透過陸路運輸的載貨量有其極限。

比方說一匹馬可運送2俵的米。若要運送100石的米，需要125匹以上的馬。再加上每匹馬要配1名馬夫，因此所需人員與馬一樣多。因為這些緣故，運送大量物資時，最為活躍的是船運，用以取代陸路的運送。

鎌倉時代的船隻是挖空樹木打造而成，自從在船舷加裝板子而可運載更多貨物的「準構造船」登場後，便可一次運送100石至300石的米。其後，造船技術又進一步發展，據說以骨架與板材打造而成的「構造船」一次可運送500石的米。後來又進一步載送1000石、1500石，隨著船隻持續擴大，水運逐漸發展成一大商務通路。

運輸業

戰國時代發起的物流改革

在戰國大名的統治下，積極推動街道的整備，到了江戶時代已確立了驛傳制等流通制度。

馬借

始於鎌倉時代，使用馬匹來運送貨物的運輸業者。一般認為是源自農民於農閒時期展開的租馬事業，還有人會在運貨時順便兜售商品。

問丸

存在於港口都市等處的海運業者。為年貢運輸或從其他港口運來的物資的中繼站。戰國時代開始推行港口都市自治後，出現從事批發業或海外貿易的商人。

傳馬制

在戰國大名的主導下，交通逐漸完善，遂於領國內的街道上按等距離設置驛站，在此處交換馬匹或交卸貨物。傳馬制則確立於江戶時代，據說德川家康於慶長6年（1609年）在東海道與中山道上設置了不少這樣的傳馬。

說來說去，
以物易物仍是商業的核心

符合的人 ▷	大名	公家	商人	農民	其他

符合時代 ▷	室町時代	戰國初期	戰國中期	戰國後期	江戶時代

當時流通的宋錢中
有各式各樣的偽幣

日本最早流通的貨幣是於中國鑄造而成。自宋朝流入日本的宋錢在平安時代被廣泛使用。然而，流入的不光正規的宋錢，還有偽幣混入其中。甚至連日本國內都出現仿造貨幣私下鑄造錢幣（私鑄錢）的人。儘管如此，無論是正規的宋錢還是偽幣，原則上都是1枚視同1文。

話雖如此，偽幣一般都很劣質，有文字磨損、無錢孔、有缺口等狀況，因此交易中有時會拒收這類鐚錢。由於鐚錢相關的糾紛不斷，當時的掌權者便發布了撰錢令。

織田信長於永祿12年（1569年）頒布的撰錢令應該是最著名的。在這項法令中，信長將流通的鐚錢的價值分成幾類，例如燒焦的錢幣2枚為1文，有大缺口或破裂的則5枚為1文。此外，法令中還加了禁止收購鐚錢、收錢者不得對錢幣做不必要的篩選等條款，試圖藉此實現健全的貨幣交易。

然而，這項法令並未發揮信長預期的效果。在此之前，人們早已自行判定鐚錢的價值，並依循該守則來進行交易。當然也會有些糾紛，制定法律可說是實現了安全的交易，但另一方面也有很多不滿，最主要是害怕因違規而受罰。結果京都等地不再使用錢幣，改為以物易物。錢幣終歸只是一種交換手段。當時的人們大概是認為，直接交換各自想要的東西比較簡單明瞭。

撰錢令	**形狀不佳也無所謂！太過寬鬆的撰錢令**
	大名與商人一開始都避用鎈錢，但是貨幣短缺後，每個領國都紛紛制定規則並採取措施。

撰錢
大名與商人都避用有缺口的錢幣或私鑄錢，要求只使用良幣，結果加速貨幣的短缺。

貨幣不足
明日斷絕外交關係，加上大名與商人避用鎈錢，導致貨幣不足。大名便頒布撰錢令，制定鎈錢的匯率。

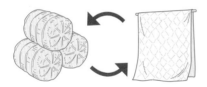

以物易物
隨著貨幣不足的加速，京都等地開始透過以物易物來交易。這讓始於鎌倉時代後期的貨幣經濟一度畫下句點。

織田信長制定的貨幣匯率

良幣1枚即為1文，作為標準貨幣。

像宣德錢這類尚未普及的貨幣則2枚為1文。

有缺口的錢或文字不清的鎈錢5枚為1文。

於堺市打造的「打平」等私鑄錢則10枚為1文。

大阪是日本最重要的經濟據點

| 符合的人 ▷ | 大名 | 公家 | 商人 | 農民 | 其他 | 符合時代 ▷ | 室町時代 | 戰國初期 | 戰國中期 | 戰國後期 | 江戶時代 |

在豐臣與德川政權的統治下，大阪以商業都市之姿蓬勃發展

戰國時代後期，成為天下霸主的豐臣秀吉居住在大阪，此地無論是政治還是經濟面都成了日本的中樞，日益繁榮。既然成為天下霸主的據點，蓬勃發展起來或許是理所當然的。然而，即便是天下霸主所在的城鎮，能夠成長為人口多達28萬人的大都市，無非是因為此地蘊藏著成為物流中心的高度潛力。

大阪面向瀨戶內海，是日本最大的商業都市，坐落於作為國際貿易港而蒸蒸日上的堺市的不遠處，還可利用淀川這條水路與朝廷所在的京都相連繫。另外還有與淀川相接的大和川及無數支流等，兼具作為交通中樞的條件。據說織田信長是第一個留意到大阪這塊土地的發展性之人。

大阪原本是大阪本願寺的主要據點，意欲掌控大阪的信長耗費了10年歲月才成功讓大阪本願寺開城投降。雖然開始著手建造居城，卻未能等到竣工那一天，就因為本能寺之變而被明智光秀打敗了。

其後，奪得天下的秀吉便是按照信長的構想來開發大阪。為了建構一套利用水路的物流網絡，整頓了淀川與大和川。開墾了土地，並開鑿出東橫堀川、天滿堀川、西橫堀川、阿波堀川等。至於城下町，則在區劃調整後，降低稅金來吸引京都與堺市的商人。得天獨厚的地理位置，加上水路的整頓，大阪逐漸成長為龐大的商業都市。

即便在秀吉死後、天下轉移到德川家康手中，大阪仍持續成長。雖然政治中心移至江戶，幕府仍將大阪視為直轄領地，推動城下町的重建。這些讓大阪成為重要的商業大都市，商人比例占人口的9成以上，作為遍布全國的物流網絡之據點，開始發揮其作用。

商業都市：大阪

信長渴望的大阪

信長盯上大阪並有意奪取，因為從此地前往京都與堺市的交通方便，而且面向瀨戶內海，便於設置南蠻貿易的港口。

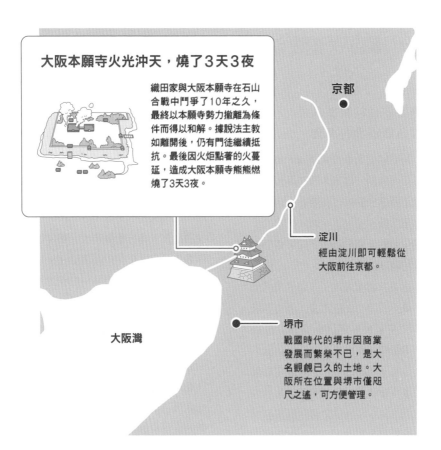

大阪本願寺火光沖天，燒了3天3夜

織田家與大阪本願寺在石山合戰中鬥爭了10年之久，最終以本願寺勢力撤離為條件而得以和解。據說法主教如離開後，仍有門徒繼續抵抗。最後因火炬點著的火蔓延，造成大阪本願寺熊熊燃燒了3天3夜。

京都

淀川
經由淀川即可輕鬆從大阪前往京都。

大阪灣

堺市
戰國時代的堺市因商業發展而繁榮不已，是大名覬覦已久的土地。大阪所在位置與堺市僅咫尺之遙，可方便管理。

column

大阪在江戶時代即成了「天下的廚房」

「天下的廚房」是大阪最著名的代名詞。此地在戰國時代成為寺內町，進入安土桃山時代則作為秀吉的主要據點，發展成無比繁榮的商業都市，到了江戶時代仍以繁榮盛況著稱，全國大名皆在此設置藏屋敷來儲存年貢米，此事更是無人不知。

現代公路的規格
奠基於戰國時代

符合的人 ▷	**大名**	公家	**商人**	農民	其他	符合時代 ▷	室町 時代	戰國 初期	**戰國 中期**	**戰國 後期**	**江戶 時代**

信長的道路整備事業
與負責接手的家康

道路的整備是擴大物流、發展經濟時不可欠缺的事業。有位戰國大名充分了解這一點並付諸實行,此人便是織田信長。推進天下統一大業的信長先是廢除全國的關所,同時著手大規模的道路整備。

在信長崛起之前,旅遊是極其危險之事。有不少山賊出沒,歷訪諸國的商人甚至會雇用護衛人員以求自衛,還需要拉貨的車夫等,所以組成百餘人的商隊來運送貨物是很普遍的。這些與物流相關的費用都會加進商品的價格內,因此取得他國商品必須支付高昂的代價。

信長推動的全國道路整備工程始於天正2年(1574年)。其內容含括於海灣或河川上架設橋梁、移除石頭以整平崎嶇道路、於道路左右種植松樹與柳樹作為行道樹等,還命令周邊地區要清掃道路並維護行道樹。此外,信長還將道路分成主要道路、次要道路與鄉間小路3種等級,並分別規定寬度。於主要道路旁修築約1公尺的堤防,道路與堤防之間還挖了排水溝。道路整備事業涵蓋範圍廣,據說山城與大和等處甚至還破壞田地來建設道路。傳教士路易士·佛洛伊斯所著的《日本史》中如此記述:「過去,對隻身旅遊者而言,白天的行路也不安全,但到了信長的時代,即便是夏季夜裡也安全無虞。」

信長死後,道路整備事業便相繼由豐臣秀吉與德川家康承繼。商人肩挑著扁擔或背架往來於諸國,這在江戶時代已經成為理所當然的光景,全是因為信長廢除關所、恢復了治安,並且留下道路整備的技術訣竅,對其後的天下霸主而言可說是一種恩賜。

道路整備

針對道路整備制定了詳細的規則

在織田家的領地內，針對街道的整備制定了詳細的規則，例如道路的寬度、種植行道樹等。

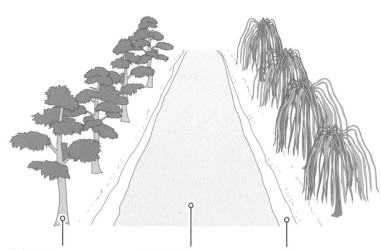

種植行道樹

於街道兩旁種植松樹或柳樹之類的行道樹是一種義務。眾所周知，戰國時代的城堡中也有種植松樹，還可作為食材來運用。

街道的寬度

街道又分為3種路寬，分別是三間二尺（約6.5公尺）的主要道路、二間二尺（約4.5公尺）的次要道路，以及一間（約2公尺）的鄉間小路。

堤防

於街道旁修築堤防，並於其外側打造引水用的水路（排水溝）。

周邊居民的掃除工作

規定住在街道周邊的農民等要負責清掃。這是為了維護已鋪修的街道，藉此改善治安。

行道樹的維護

命令周邊居民不僅要整頓街道，還要維護行道樹。

慶長遣歐使節
是政宗的最後一搏

瞞著家康派遣家來至海外

說到江戶幕府，以實行嚴格的鎖國體制而聞名，然而，開府之初尚未禁止與基督教勢力間的交流，因此諸藩大名均有意派遣使節至歐洲進行南蠻貿易。

東北霸主伊達政宗也不例外，他派遣支倉常長等慶長遣歐使節持親筆信前往西班牙，在未通知家康的情況下，提出派遣基督教傳教士，以及與菲律賓或墨西哥通商之要求。想必是因為南蠻貿易可以獲得龐大的利益，故而企圖累積財富好報一箭之仇。無論如何，在常長前往西班牙的3年後，幕府發布了禁教令。常長雖然平安返回日本，卻被迫過著軟禁的生活，在失意中結束了一生。

戰國商人列傳

戰國時代的經濟有顯著發展。一些被稱為富商的人們在如此動盪的時代裡，累積了巨額財富而名留青史。當中也有人與戰國大名合作，對政策的推行有莫大貢獻，在此挑出10位富商，詳細探究其履歷與軼事。

您需要錢是嗎？
請交給我來辦。

今井宗久

大阪堺市的商人兼茶人。透過倉儲業、金融業、藥物批發、步槍等廣泛的事業累積巨額財富，並以政商之姿活躍不已。與千利休、津田宗及並列，為信長、秀吉的茶道三宗匠之一，據說是信長最信賴的茶人。

靠鹿皮製品發財

當時的鹿皮是用來製作鎧甲的軍需品，有一定的需求，他便是靠鹿皮獲得龐大財富。據說是日本第一位武器商人，加深了與各地戰國大名之間的關係。

津田宗及

大阪堺市的商人兼茶人。侍奉織田信長與豐臣秀吉，曾以指導者身分參與秀吉舉辦的北野大茶會。據說是戰國時代首屈一指的茶具鑑賞家，以茶頭（茶會主持）之姿活躍於世。與千利休、今井宗久並列，為茶道三宗匠之一。

有禪修經驗

宗及在侍奉信長之前，曾在大德寺學禪，領悟出「茶禪一味」的真諦，即茶道與禪的本質是一致的。

千利休

生於大阪的堺市，為茶道三宗匠之一。以織田信長與豐臣秀吉的茶頭之姿活躍不已。以致力發掘茶道文化而聞名，不過據說他曾是販賣鹹魚的商人。後來觸怒了秀吉而奉命切腹自殺。

與秀吉意氣相投

利休曾是秀吉身邊不可欠缺的存在，備受秀吉的信賴而有了「私事找宗易（千利休）」的說法。

秀吉大人，
這便是著名的呂宋壺。

納屋助左衛門

大阪堺市的富商。曾渡洋至菲律賓的
呂宋島與柬埔寨經營貿易。又名呂宋
助左衛門。向豐臣秀吉獻上呂宋壺等
物而一躍成名，卻因為過著豪奢無度
的生活而惹怒秀吉，因而遭到懲處。

呂宋壺其實是
夜壺!?

有一種說法認為，其財產之所以
遭沒收，是因為他獻出的呂宋壺
其實是當地的夜壺。倘若此事屬
實，也難怪秀吉會勃然大怒了。

小西隆佐

生於大阪堺市的富商。據說是名虔誠的吉利支丹，洗禮名為常珍。豐臣秀吉賞識其商業才幹，於天正15年（1587年）的九州征伐中任命他為軍糧籌備員等，負責豐臣政權的財務。

傳播基督教

隆佐把自家改成教會，作為信徒的師父而活躍。據說即便後來基督教政策愈來愈嚴苛，仍未動搖秀吉對他的信賴。

山上宗二

大阪堺市的富商兼茶人。向千利休學習茶道，從商人搖身一變成為茶師。侍奉豐臣秀吉，卻因為厭惡不正歪風的性格而多次激怒秀吉，淪為浪人流浪各地。最後又一次觸怒秀吉，而遭處死。

為千利休的頭號弟子

作為千利休的弟子學了20年的茶道。據說對利休而言是不可或缺的得意門生。

角倉了以

活躍於戰國～江戶時代初期的京都富商。透過朱印船貿易與越南交易,獲得龐大利益。此外,經手京都的河川事業,為大堰川、富士川與高瀨川等治水工程盡心竭力。

角倉家原為醫生世家

了以誕生的角倉家,是從室町幕府延續下來的醫生世家。在醫業成功後,便開啟土倉事業(金融業)。了以並未繼承醫業,而是交託給弟弟,自己成了實業家。

茶屋四郎次郎

京都富商茶屋家的當家。年輕時當過德川家康的近臣而活躍一時。後來成為德川家的御用和服商,還曾經營京都的旅宿等。另一方面,從事越南貿易與朱印船貿易等各式各樣的貿易,累積了巨額財富。

援助家康翻越伊賀

本能寺之變發生之際,他及時通知處身堺市的德川家康,並協助家康逃往三河(即所謂的「神君(家康的尊稱)伊賀穿越」)。這份恩情讓他成為德川家的御用和服商。

神屋宗湛

博多的富商，神屋家的第6代當家。在豐臣秀吉的保護下，與朝鮮、中國等地進行南洋貿易。在資金方面援助秀吉，以親信之姿活躍不已。也是知名茶人，著有紀錄茶會的《宗湛日記》。

捲入本能寺之變

本能寺之變當天，宗湛為了向信長展示其私藏的茶具而投宿本能寺。事件發生不久後，因信長的家來相助而得以安全逃脫。

島井宗室

博多的富商。憑藉酒屋的家業與朝鮮貿易致富，另一方面又針對九州多位大名進行金銀的借貸，獲得巨額財富。侍奉豐臣秀吉，與神屋宗湛一同致力於復興因戰亂而荒廢的博多。

出席了「本能寺之變」前一天的茶會

信長為了與博多商人締結友好關係，於本能寺開辦茶會，熱情款待宗室。翌日便發生了本能寺之變。

戰國經濟年表

年代	主要事件
1467年 （應仁元年）	因細川勝元與山名宗全等人而爆發了應仁文明之亂。
1469年 （應仁3年）	遣明使船首次在堺市入港。
1510年 （永正7年）	朝鮮取締走私，導致當地日本人引發暴動，爆發了「三浦倭亂」。
1511年 （永正8年）	葡萄牙占領馬六甲，作為交易的據點。
1523年 （大永3年）	細川氏與大內氏的遣明使船入港之際，於明朝的寧波發生軍事衝突（「寧波之亂」）。
1526年 （大永6年）	雙嶼（今中國的浙江省周邊）的港口是從這個時期成為走私貿易的據點。 博多商人神谷壽禎發現了石見銀山。
1533年 （天文2年）	引進銀的精鍊法之一：灰吹法。
1541年 （天文10年）	武田晴信（信玄）驅逐了父親信虎，成為甲斐的領主。
1543年 （天文12年）	葡萄牙人將步槍傳入種子島。
1547年 （天文16年）	明日斷絕外交關係。 方濟・沙勿略於葡屬馬六甲偶遇薩摩出身的彌次郎後，動身前往日本。
1548年 （天文17年）	倭寇首領王直被明軍趕出雙嶼，改以平戶作為主要據點。
1549年 （天文18年）	沙勿略在日本上陸，開始宣揚基督教。
1556年 （弘治2年）	傳教士卡斯帕・維列拉將堺市比作威尼斯。

1560年 （永祿3年）	織田軍在「桶狹間之戰」中戰勝今川軍。
1567年 （永祿10年）	明朝解除了禁止百姓出國的海禁政策。
1568年 （永祿11年）	織田信長廢除日本各國的關所。 織田信長擁立第15代將軍足利義昭並上洛（前往京都）。 織田信長向堺市索要矢錢2萬貫。 武田信玄展開「遠江與駿河侵攻」。 今川氏針對武田氏發出斷鹽的命令。
1569年 （永祿12年）	基督教傳教士路易士‧佛洛伊斯晉見織田信長，獲准宣揚基督教。
1570年 （元龜元年）	爆發「石山合戰」，開啟織田軍與大阪本願寺的鬥爭。 葡萄牙船在長崎入港，進行首度交易。
1571年 （元龜2年）	西班牙建設馬尼拉市（今菲律賓）。 織田軍執行「火燒比叡山」。
1572年 （元龜3年）	武田軍展開「西上作戰」。 武田軍在「三方原之戰」中戰勝織田德川聯軍。
1573年 （天正元年）	武田信玄於西上作戰途中病逝。 織田信長將足利義昭逐出京都。
1575年 （天正3年）	織田德川聯軍在「長篠設樂原之戰」中擊敗武田軍。
1576年 （天正4年）	織田信長命令家臣丹羽長秀開始建設安土城。 織田家的九鬼水軍在「第一次木津川口之戰」中敗給毛利水軍。
1577年 （天正5年）	織田信長在安土城下頒布了「樂市令」。
1578年 （天正6年）	織田家的九鬼水軍在「第二次木津川口之戰」中利用鐵甲船大破毛利水軍（眾說紛紜）。
1580年 （天正8年）	大阪本願寺的顯如降伏於織田家，並將大阪本願寺拱手讓出。 英國商船來航，抵達長崎的平戶。
1581年 （天正9年）	織田信長在京都斷然舉行「騎兵閱兵儀式」。 傳教士亞歷山德羅‧范禮納諾晉見織田信長。

1582年 （天正10年）	天正遣歐使節出發前往羅馬。 織田軍在「天目山之戰」中大敗武田軍，武田家滅亡。 織田信長因明智光秀的謀反而於本能寺自殺。 羽柴秀吉於攝津國與山城國交界處的山崎打敗明智光秀。 明智光秀遭遇落武者狩（狩獵落難武士）而慘遭殺害。 信長死後，召開清洲會議來決定織田家的繼承人。 羽柴秀吉開始推行「太閤檢地」。 武田家滅亡後，德川家與北條家爭奪失去領主的甲斐，爆發「天正壬午之亂」。
1583年 （天正11年）	羽柴秀吉在「賤岳之戰」中擊敗並殺死柴田勝家。 羽柴秀吉開始建造大阪城。
1584年 （天正12年）	羽柴秀吉允許重建比叡山延曆寺。
1585年 （天正13年）	豐臣秀吉就任關白，以藤原（豐臣）為姓。 豐臣秀吉下達「總無事」令，禁止大名之間的私鬥。
1586年 （天正14年）	豐臣秀吉成為太政大臣。
1587年 （天正15年）	豐臣秀吉發布「伴天連追放令」。 在豐臣秀吉的主導下舉辦「北野大茶會」。
1588年 （天正16年）	豐臣秀吉頒布「刀狩令」。 豐臣秀吉頒布「海賊禁止令」，要求所有水軍解除武裝。 首度鑄造天政大判。
1589年 （天正17年）	豐臣秀吉禁止基督教。
1590年 （天正18年）	北條氏政與氏直降伏於豐臣秀吉。 豐臣秀吉完成統一天下大業。 豐臣秀吉將德川家康移封至關東。
1591年 （天正19年）	豐臣秀吉推行太閤檢地並進行全國戶口調查。 豐臣秀吉命令千利休切腹。
1592年 （文祿元年）	日軍首度進軍朝鮮（「文祿之役」）。
1593年 （文祿2年）	豐臣秀吉向明朝使節提出「和談七條件」。 自朝鮮傳入活字印刷技術。 堺市的富商納屋助左衛門渡洋至呂宋島。

1596年 （慶長元年）	豐臣秀吉於伏見接見明朝使節，但和談以破局告終。 豐臣秀吉於長崎將26名基督教徒處以磔刑。
1597年 （慶長2年）	日軍二度進軍朝鮮（「慶長之役」）。
1598年 （慶長3年）	豐臣秀吉逝世，日軍從朝鮮撤退。
1600年 （慶長5年）	石田三成舉兵，爆發「關原之戰」，德川家康率領的東軍贏得勝利後畫下句點。 真田昌幸·信繁（幸村）奉命蟄居於高野山（關原之戰後，年數不詳）。
1603年 （慶長8年）	德川家康受封為征夷大將軍，開設江戶幕府。 以「天下普請」的名義，利用諸國大名來擴張江戶城。
1604年 （慶長9年）	德川家康授予「黑印狀」，允諾松前藩與愛奴人交易的壟斷權。
1609年 （慶長14年）	島津氏發動「琉球侵攻」。琉球王國歸入島津氏的管轄之下。 荷蘭東印度公司於平戶設置商館。
1613年 （慶長18年）	伊達政宗派出慶長遣歐使節。
1614年 （慶長19年）	江戶幕府發布「基督徒國外驅逐令」。高山右近遭流放至馬尼拉。 爆發「大阪冬之陣」。真田信繁（幸村）的活躍重創德川軍。
1615年 （元和元年）	爆發「大阪夏之陣」。豐臣軍敗北，大阪城淪陷。
1637年 （寬永14年）	爆發吉利支丹引起的「島原之亂」，為日本最大叛亂。

参考文献

◆ 書籍

『「桶狭間」は経済戦争だった 戦国史の謎は「経済」で解ける』武田知弘 著 (青春出版)

『家康の経営戦略 国づくりも天下泰平もカネ次第』大村大次郎 著 (秀和システム)

『お金の流れで見る戦国時代 歴戦の武将も、そろばんには勝てない』
大村大次郎 著 (KADOKAWA)

『織田信長のマネー革命 経済戦争としての戦国時代』武田知弘 著 (ソフトバンク新書)

『海外貿易から読む戦国時代』武光 誠 著 (PHP新書)

『経済で読み解く織田信長「貨幣量」の変化から宗教と戦争の関係を考察する』
上念 司 著 (KKベストセラーズ)

『経済で読み解く豊臣秀吉 東アジアの貿易メカニズムを「貨幣制度」から検証する』
上念 司 著 (KKベストセラーズ)

『経済で読み解く日本史① 室町・戦国時代』上念 司 著 (飛鳥新社)

『経済で読み解く日本史② 安土桃山時代』上念 司 著 (飛鳥新社)

『図解 戦国武将』池上良太 著 (新紀元社)

『ゼロからやりなおし！ 戦国史見るだけノート』小和田哲男 監修 (宝島社)

『戦国大名の経済学』川戸貴史 著 (講談社現代新書)

『戦国の合戦と武将の絵事典』小和田哲男 監修/高橋伸幸 著 (成美堂出版)

『戦国武将の収支決算書 信長は本当に革命児だったのか』跡部 蛮 著 (ビジネス社)

『日本史「戦国」総覧』吉成 勇 編 (新人物往来社)

『信長の経済戦略 国盗りも天下統一もカネ次第』大村大次郎 著 (秀和システム)

『早わかり戦国史』外川 淳 編著 (日本実業出版社)

『ビジュアル 日本のお金の歴史【飛鳥時代～戦国時代】』井上正夫 著 (ゆまに書房)

『百姓から見た戦国大名』黒田基樹 著 (ちくま新書)

『牢人たちの戦国時代』渡邊大門 著 (平凡社新書)

※另参考了無數歷史資料。

監修　小和田哲男

1944年出生於靜岡市。1972年修完早稻田大學研究所文學研究系博士班課程。2009年3月自靜岡大學退休，為靜岡大學名譽教授。主要著作有《日本人應該從歷史中學習什麼？》（三笠書房，1999年）、《惡人打造的日本歷史》（中經の文庫，2009年）、《向武將學習如何度過第二人生》（Media Factory 新書，2013年）、《名軍師出名將》（NHK出版，2013年）、《黑田官兵衛 足智多謀的戰國軍師》（平凡社新書，2013年）、《明智光秀與秀滿》（Minerva書房，2019年）與《戰國武將的睿智、人事·教養與統帥力》（中公新書，2020年）等。以上書名皆為暫譯。

STAFF

企劃·編輯	細谷健次朗、千田新之輔
編輯協助	柏もも子
執筆協助	龍田 昇、野田慎一、野村郁朋、上野卓彦
插畫	熊アート
封面、內文設計	深澤祐樹（Q.design）

鑑古知今！日本戰國致富圖鑑

2021年5月1日初版第一刷發行

監 修 者	小和田哲男
譯　　 者	童小芳
編　　 輯	陳映潔
美術設計	竇元玉
發 行 人	南部裕
發 行 所	台灣東販股份有限公司
	＜地址＞台北市南京東路4段130號2F-1
	＜電話＞(02)2577-8878
	＜傳真＞(02)2577-8896
	＜網址＞www.tohan.com.tw
郵撥帳號	1405049-4
法律顧問	蕭雄淋律師
總 經 銷	聯合發行股份有限公司
	＜電話＞(02)2917-8022

著作權所有，禁止翻印轉載。
購買本書者，如遇缺頁或裝訂錯誤，
請寄回更換（海外地區除外）。
Printed in Taiwan.

TOHAN

國家圖書館出版品預行編目資料

鑑古知今！日本戰國致富圖鑑/小和
田哲男監修; 童小芳譯. -- 初版.
--臺北市: 臺灣東販,2021.05
176面; 14.8×21公分
ISBN 978-986-511-766-5 (平裝)

1.戰國時代 2.日本史 3.經濟史

731.254　　　　　　110004958